LORAN INC.
Conseillers à la direction d'entreprises
2050 RUE MANSFIELD
BUREAU 1404
MONTRÉAL (QUÉBEC)
H3A 1Y9

La sécurité d'emploi

DÉPARTEMENT DES RELATIONS
INDUSTRIELLES DE L'UNIVERSITÉ LAVAL

La sécurité d'emploi

PUBLIÉ SOUS LA DIRECTION DE RODRIGUE BLOUIN,
JEAN-PAUL DESCHÊNES, GILLES LAFLAMME ET JEAN SEXTON

LES PRESSES DE L'UNIVERSITÉ LAVAL

1978

La sécurité d'emploi est publié par le Département des relations industrielles de l'Université Laval, Québec, Canada et édité par les Presses de l'Université Laval, Cité Universitaire, Québec, P.Q., Canada, G1K 7R4.

ISBN: 0-7746-6880-6

Dépôt légal — 4e trimestre 1978 — Bibliothèque nationale du Québec

Liste des conférenciers

Bernard SOLASSE
Département de sociologie, Université Laval, Québec.

Yves DELAMOTTE
Conservatoire national des arts et métiers, Paris.

Jacques MERCIER
Département des relations industrielles, Université Laval, Québec.

Claude RONDEAU
Département des relations industrielles, Université Laval, Québec.

Alphonse LACASSE
Gagné, Letarte & Associés, Québec.

Paul YERGEAU
Confédération des syndicats nationaux, Québec.

Jean-Louis DUBÉ
Faculté de droit, Université de Sherbrooke, Sherbrooke.

Léopold LAROUCHE
Laplante, Gauvin, Pouliot, Guérard & Associés Inc., Montréal.

Serge LAPLANTE
Laplante, Gauvin, Pouliot, Guérard & Associés Inc., Montréal.

Jean SEXTON
  Département des relations industrielles, Université Laval, Québec.

Fernand D'AOUST
  Fédération des travailleurs du Québec, Montréal.

Hubert PITRE
  Entreprises transport provincial, Montréal.

Gösta REHN
  Swedish Institute for Social Research, Stockholm.

Ghislain DUFOUR
  Conseil du patronat du Québec, Montréal.

Réal MIREAULT
  Office de la construction du Québec, Montréal.

Marcel PEPIN
  Confédération mondiale du travail, Montréal.

Pierre-Marc JOHNSON
  Ministère du travail et de la main-d'œuvre, Québec.

Sommaire

Introduction

Le contexte économique actuel et l'avènement prochain du renouvellement des conventions collectives de travail dans les secteurs public et para-public québécois ont fait en sorte que les préoccupations de sécurité d'emploi n'ont rarement connu une telle acuité. En effet, non seulement les licenciements collectifs, les fermetures partielles ou totales d'établissements, les déménagements d'entreprises vers l'extérieur du Québec et le haut taux de chômage ont récemment et ont encore des répercussions marquées sur les relations du travail dans le secteur privé, mais les secteurs public et para-public ont aussi vu naître une série de préoccupations particulières consécutives à des baisses de clientèles, à des coupures budgétaires et à une certaine rationalisation des dépenses publiques. L'effet net d'un tel contexte est que le dilemme fondamental des relations du travail (efficacité versus sécurité) s'est récemment exprimé chez nous d'une façon particulièrement aiguë.

Source d'émotions et de réactions vives de la part des intéressés, les problèmes attachés à la sécurité d'emploi ont vite fait, comme on pourra le constater dans les pages qui suivent, de déborder le cadre de la convention collective ou de l'entente particulière quant à l'établissement des conditions de travail au niveau des partenaires ou des antagonistes sociaux. En effet, dans cette recherche, pour une plus grande sécurité d'emploi, les salariés, leurs syndicats et même le patronat ont eu chez nous, comme ailleurs et même peut-être plus instinctivement qu'ailleurs, le réflexe «naturel» de se tourner vers l'État pour qu'il fasse sa part afin de trouver une solution. C'est là qu'on voit naître, dans l'optique des relations du travail, une série de demandes particulières de la part des divers acteurs sociaux, évidemment chacun avec des raisons différentes. On réclame des interventions publiques qui se sont traditionnellement exprimées soit par la politique économique générale assaisonnée à la Keynes, soit par la politique des services de main-d'œuvre.

Cette recherche plus qu'instinctive de sécurité, dans un monde où le phénomène du travail occupe encore une place primordiale, a connu et connaît encore une foule d'obstacles. Plusieurs ont été progressivement amenés à croire que l'impuissance d'assurer une véritable sécurité d'emploi au niveau de l'entreprise ou une véritable *sécurité dans l'emploi — expression particulière d'un certain engagement gouvernemental envers le plein emploi — justifie pleinement les demandes croissantes pour une véritable sécurité du revenu.*

Les critiques d'une telle approche sont nombreuses. Non seulement se demande-t-on si, dans notre système économique, on peut assurer ou même assumer telle sécurité d'emploi, mais certains croient que telles demandes de la part des salariés sont disfonctionnelles. De plus, d'autres hésitent à prétendre que tous peuvent jouir d'une même sécurité d'emploi.

Cette sécurité d'emploi est certes complexe, mais son examen en est rendu d'autant plus difficile que le sujet est profondément humain et soulève des réactions et des réflexes moins rationnels et plus émotifs. Il ne peut d'ailleurs en être autrement. Paradoxalement, cependant, malgré l'importance relative que peut avoir ce sujet de la sécurité d'emploi dans le domaine des relations industrielles, peu d'examens en ont été faits et peu d'écrits existent pour tenter d'expliquer ou d'explorer cette préoccupation fondamentale dans le monde du travail.

Le présent ouvrage est un compte rendu du 33ᵉ Congrès des relations industrielles de l'Université Laval dont l'objectif était de contribuer à combler ce vide en examinant la nature, les formes, la portée, les difficultés et les limites de la sécurité d'emploi.

Précisons que cet effort est partiel tant la complexité du phénomène étudié est grande. Le véritable défi consiste alors à définir les grandes coordonnées du problème étudié, à briser des croyances populaires et à placer la sécurité d'emploi dans sa perspective propre à l'intérieur des relations industrielles.

L'approche utilisée pour tenter d'atteindre cet objectif consiste à présenter le problème de la sécurité d'emploi, à en examiner la portée réelle dans le secteur privé, à en voir l'impact dans le secteur public, à en présenter les aspects économiques et à étudier comment les programmes publics de main-d'œuvre ont pu contribuer à sa solution. La participation à ce congrès fut généreuse tant de la part des congressistes eux-mêmes que des invités conférenciers, commentateurs et présidents d'assemblée.

Le présent rapport se veut donc une introduction à ce sujet complexe de la sécurité d'emploi. Le dernier mot appartient finalement aux agents du marché du travail.

QUELLE SÉCURITÉ D'EMPLOI?

1

Bernard SOLASSE

Département de sociologie
Université Laval
Québec

En quoi et pourquoi « la sécurité d'emploi » continue de faire problème? Pour répondre à cette question, nous procéderons en quatre étapes:

Nous avons l'intention, en premier lieu, de montrer en quoi « la sécurité d'emploi » constitue toujours une question importante au niveau des rapports de travail.

Nous essaierons, en second lieu, de préciser ce qu'il faut entendre par « sécurité d'emploi », et l'examen de quelques définitions montrera qu'il s'agit, en l'occurrence, d'un phénomène fort complexe d'ordre à la fois économique, « juridique » au sens des clauses inscrites dans les conventions collectives de travail, et d'ordre psychologique.

Nous nous efforcerons, en troisième lieu, de dégager la logique qui porte les syndicats à revendiquer avec fermeté en faveur d'une sécurité d'emploi aussi complète que possible alors que le mode de fonctionnement de l'économie l'interdit.

Dans la conclusion, nous esquisserons quelques suggestions qui, à défaut de résoudre définitivement ce problème, pourraient peut-être contribuer à le rendre moins angoissant.

Sécurité d'emploi et relations du travail

Peut-être faudrait-il, en commençant, s'interroger, comme l'ont fait d'ailleurs les organisateurs de ce congrès, sur la pertinence du thème retenu pour ces assises. La question serait donc la suivante: «La sécurité d'emploi» constitue-t-elle encore une question importante dans le domaine des relations du travail?

La réponse à cette interrogation ne peut, à notre avis du moins, n'être que positive et, pour en être convaincu, il suffira, dans un premier temps, de se mettre à l'écoute des faits.

Les praticiens et les spécialistes de la négociation collective nous dirons, en effet, l'acharnement dont font souvent preuve les syndicats lorsqu'il s'agit pour eux de négocier des clauses concernant la «sécurité d'emploi» ou encore diverses dispositions visant à protéger les «droits acquis» généralement du fait de l'ancienneté en cas de réduction d'emploi ou de changements technologiques majeurs.

D'autres observateurs dont l'intérêt se porte sur l'étude des conflits de travail, ne manqueront pas de souligner la variété des réactions que suscitent les licenciements collectifs qu'ils soient dûs à des réductions d'emploi que pourrait expliquer une conjoncture économique dépressive ou à l'introduction de changements technologiques majeurs. Ces réactions, en effet, vont de cette attitude faite de découragement que génère toute situation jugée inéluctable et irréversible jusqu'à la révolte violente qui déborde largement la portée limitée des procédures institutionnalisées de règlement des conflits de travail.

Ces conflits se prêtent par ailleurs à la politisation. Celle-ci débute, en général, lorsque les travailleurs concernés directement ou indirectement par ces réductions d'emploi prennent conscience d'une solidarité qui les lie objectivement et qui les pousse à solliciter une intervention des pouvoirs publics.

Cette politisation devient manifeste lorsque ces mêmes travailleurs entendent rechercher l'appui d'une fraction plus ou moins large de la population pour obtenir des gouvernements qu'ils maintiennent en activité les emplois concernés en accordant aux entreprises concernées, indépendamment de leur rentabilité, des subventions financées à même les fonds publics, qu'ils rachètent ou nationalisent ces mêmes entreprises, qu'ils facilitent leur reconversion, ou encore, qu'ils s'efforcent de promouvoir la venue et l'implantation de nouvelles entreprises.

Les spécialistes des questions de main-d'œuvre, enfin, vous diront cette longue et lente érosion de professions aujourd'hui dévalorisées et déchues, alors qu'un bon nombre d'entre elles constituaient, il n'y a pas si longtemps, l'élite du monde du travail et qu'elles se situaient, à ce titre, à la pointe de la conscience et des luttes ouvrières. Il devrait suffire d'évoquer ici la tristesse et le désabusement du mineur de charbon « reconverti » qu'il soit de Belgique, de France, de Nouvelle-Écosse ; la tâche routinière qui l'attend en tant qu'ouvrier spécialisé, quand ce n'est pas la retraite anticipée, ou les prestations du bien-être social.

S'il arrivait à ces mêmes spécialistes de s'aventurer sur le chemin de la critique et de l'autocritique, ils devraient nous dire à la fois

le coût élevé et le peu d'efficacité des programmes gouvernementaux destinés à promouvoir la mobilité spatiale et professionnelle de
la main-d'œuvre, comme la faible rentabilité de ces initiatives prises
à chaud et destinées à permettre aux travailleurs ayant perdu leur
emploi d'en retrouver un autre qui en serait l'équivalent.

La «sécurité d'emploi» est donc une question d'actualité.

L'enjeu: que faut-il entendre par «sécurité d'emploi»?

Force est de constater qu'il n'existe pas dans la littérature pertinente de définition de la «sécurité d'emploi» qui fasse l'objet d'un
consensus universel. Tout au plus pourrait-on faire état d'une gamme variée d'opinions qui pourraient être illustrées par ces trois références que nous rapportons ici à titre d'exemples.

Le BIT, le Bureau international du travail, définit la sécurité
d'emploi comme «une garantie acceptable de continuité d'emploi
dans l'entreprise». Miller en propose une définition à notre avis plus
restrictive puisqu'«au fait de travailler autant que possible dans la
même entreprise» il ajoute que ce travail devrait se faire «dans la
même fonction et dans la même localité», tandis qu'Argyris soutient
qu'elle réside dans «l'assurance qu'a (je préférerais pour ma part
écrire «pourrait avoir») un individu de pouvoir demeurer à son emploi aussi longtemps qu'il le désire».

Plutôt que de tenter de réconcilier ces définitions avant que de
les fusionner en une approche synthétique, il nous apparaît beaucoup plus pertinent de tenter, pour l'instant, de dégager à travers
elles ce qui est en question lorsque nous avons recours à l'expression «sécurité d'emploi». Trois thèmes, trois dimensions constitu-
tives émergent alors de cette analyse.

Le premier de ces thèmes porterait à voir dans la « sécurité d'emploi » une situation objective telle qu'elle aurait pour effet d'éliminer pour chaque salarié concerné tout risque de perdre son emploi pour des motifs autres que disciplinaires ou de santé, pour des motifs qui donc seraient en définitive d'ordre économique qu'ils soient reliés à une baisse généralisée ou sectorielle de l'actualité économique ou à l'introduction de changements technologiques majeurs. Dans une telle éventualité, le seul facteur favorable à la mobilité géographique et professionnelle des salariés résiderait dans la seule propension que pourraient avoir ceux-ci de rechercher d'eux-mêmes, de leur propre gré, sur la base d'un libre choix un emploi autre que celui qu'ils détiennent.

Or il semble bien que l'on soit en droit d'écrire que cette situation fictive n'existe pas et même qu'elle ne saurait exister et ceci pour des raisons qui finalement sont d'ordre économique et qui valent pour tous les régimes et toutes les économies concrètes. Il n'est pas d'économie à jamais figée, le degré zéro n'existe pas en la matière. À l'ouest comme à l'est des activités nouvelles naissent, se développent et disparaissent, des régions sont en expansion, d'autres en état de récession. Il n'est pas non plus, selon l'expression de François Perroux, de régime économique, ni d'économie concrète qui ne tendent au progrès économique et qui donc ne fassent appel à l'innovation technologique qui en constitue l'une des conditions maîtresses avant que de requérir à son tour une certaine plasticité des structures de l'emploi.

Une sécurité d'emploi absolue et généralisée dans son application à tous les salariés représenterait donc un objectif non seulement inaccessible et par là largement utopique mais que toutes les sociétés industrialisées rejettent dans les faits, inexorablement, dès qu'il entre en contradiction avec les conditions du progrès économique auquel elles aspirent toutes au delà des différences qu'elles accusent quant au mode d'organisation et de fonctionnement de leurs structures économiques et politiques et aux tensions sociales et politiques qui pourraient les affecter de l'intérieur.

Le second thème renvoie à la question de la « garantie ».

La définition du BIT a sur ce point le mérite de la clarté ; elle suggère, en qualifiant cette garantie « d'acceptable », qu'elle ne saurait être ni totale, ni définitive et les propos de Miller s'inscrivent dans la même perspective ainsi qu'en témoigne le recours à l'expression « autant que possible ».

Que faut-il donc entendre par « garantie acceptable » ?

Un économiste du travail, procédant en cela à la manière d'un actuaire soucieux d'évaluer un risque à courir, vous expliquerait sans doute qu'il s'agit là d'une donnée objective et donc mesurable renvoyant à la probabilité qu'aurait un salarié de conserver le même emploi durant l'ensemble de sa vie active.

En fait, bien peu d'entre eux se hasarderaient à chiffrer cette probabilité en raison du caractère fort aléatoire de la conjoncture économique générale, de ses effets affectant d'une manière diversifiée et inégale les différents secteurs et branches de l'activité économique et a fortiori les unités de production et en raison aussi de la difficulté de prévoir le rythme de l'innovation technologique et plus encore celui de sa mise en œuvre au niveau des différentes unités de production.

Cette question de « la garantie » peut aussi être abordée d'une seconde manière ; « La sécurité d'emploi » s'inscrivant alors au nombre de ces dispositions que les syndicats entendent négocier avec les employeurs en vue de les inscrire dans les conventions collectives de travail, procédure parfaitement congruente avec la logique de notre système de relations du travail.

Or l'analyse de ces conventions collectives de travail, que nous ne ferons qu'esquisser, laisserait apparaître l'extrême variabilité de ces dispositions comme celle de leur portée effective ; comme toujours ce qui est effectivement négocié dépend moins de la définition juridique du négociable qu'en premier lieu de la situation de l'entreprise sur le marché, et, en second lieu, de l'habileté stratégique dont pourraient faire preuve les syndicats à l'occasion de cette procédure de marchandage étayée sur des rapports de force qu'implique toute négociation collective.

Certaines de ces dispositions iront jusqu'à inclure l'instauration d'un système de salaire annuel garanti dont l'effet est d'assurer aux travailleurs couverts par la convention collective un salaire de base indépendant du nombre d'heure effectivement travaillées.

D'autres dispositions, beaucoup plus fréquentes que les précédentes, prévoient, qu'en cas de réduction d'emploi, les licenciements se feront à l'inverse de l'ancienneté et que les travailleurs concernés pourraient éventuellement être réembauchés mais selon l'ordre de priorité que confère l'ancienneté.

Les syndicats s'efforcent encore de protéger leurs membres contre les effets dûs à l'introduction de changements technologiques majeurs en s'assurant, toujours par le biais des conventions collectives, que l'entreprise mette sur pied des programmes de recyclage ou de perfectionnement de la main-d'œuvre auxquels, à niveau de qualification égale, accéderaient en priorité les travailleurs ayant le plus d'ancienneté.

Ajoutons enfin, que les dispositions concernant « l'atelier fermé » peuvent avoir des effets du même ordre.

Il reste, cependant, dans tous les cas, que ces garanties n'ont qu'une portée limitée: elles n'engagent, en effet, que la durée d'application de conventions collectives de travail: deux ans, trois ans au plus. Reste enfin et surtout que la logique de la conjoncture économique l'emporte toujours sur les «droits» que pourrait assurer la meilleure et la plus progressiste des conventions collectives, ainsi que le soutient non pas Marx, Lénine ou Mao, mais l'abbé Dion: «Aucune entreprise privée n'est assurée ni de sa survie, ni de la stabilité de sa production, ni de la vente de ses produits sur le marché.» Les gouvernements n'échappent pas non plus à cette même logique de la conjoncture économique encore qu'ils conservent dans une mesure relative la faculté d'en étaler davantage les effets dans le temps. Ce n'est pas par hasard que dans les circonstances actuelles les gouvernements entendent comprimer les dépenses qu'ils affectent à la fonction publique, ce qui a pour effet d'en geler les effectifs.

Reste enfin à évoquer un troisième thème, présent lui aussi dans ces diverses définitions de la sécurité d'emploi qui viennent d'être rapportées, et selon lequel la «sécurité d'emploi» impliquerait également une dimension d'ordre surtout psychologique, ce sentiment de sécurité qu'engendrerait cette garantie acceptable que pourrait avoir un salarié de conserver son emploi.

Or les réflexions qui précèdent en soulignant qu'il ne saurait y avoir de sécurité d'emploi ni totale, ni à jamais définitivement acquise contribuent du même coup à démontrer la précarité des données qu'elles soient d'ordre économique ou juridique qui pourraient donner naissance à ce sentiment.

Cette réflexion, toutefois, ne devrait pas conduire à perdre de vue le caractère singulièrement mobilisateur des revendications favorables à l'obtention d'une sécurité d'emploi aussi large que possible que nourissent la plupart des salariés. Il s'agit, notons-le dès à présent, non pas d'un sentiment, mais d'une aspiration assortie de stratégies plus ou moins appropriées favorables à sa réalisation effective. Cette question fera l'objet de la troisième partie de cette communication.

La sécurité d'emploi : une revendication syndicale

À première vue cette revendication fait problème : tout raisonnement d'ordre économique tant soit peu articulé montrerait en effet que la sécurité d'emploi constitue non seulement un objectif inaccessible mais qui, s'il venait à être réalisé, pourrait compromettre gravement, quel que soit le régime économique considéré, cette mobilité des structures de l'emploi qui constitue la condition même du progrès économique.

Cette même revendication pourrait même faire figure de paradoxe puisqu'en effet il ne manque pas de syndicalistes qui tout en dénonçant le caractère aliénant du travail, revendiquent du même coup la sécurité d'emploi pour les travailleurs qu'ils représentent.

Par conséquent, il ne manque pas d'arguments qui pourraient être invoqués pour réduire la portée de ce caractère singulièrement mobilisateur que nous avons prêté aux revendications syndicales en faveur de la sécurité d'emploi.

Dans un premier temps cette contre argumentation soulignerait donc le caractère singulièrement aliénant de la plupart des tâches industrielles et administratives : répétition, monotonie, contrôle, risques que représentent pour la santé bien des activités industrielles. L'évolution du travail industriel et administratif s'inscrirait donc à l'encontre de cette exigence de créativité et de contrôle qu'Alain Touraine place au cœur de la dynamique des rapports de travail.

Dans un second temps, cette contre argumentation affirmera que désormais le travail n'occupe plus dans notre société «post-industrielle» la place centrale que lui assignaient les valeurs et les représentations collectives qui prévalaient il n'y a pas si longtemps. Cette nouvelle philosophie du travail et de la vie après avoir repris à son propre compte cette dénonciation du caractère aliénant du travail montrerait qu'un nombre sans cesse croissant d'acteurs sociaux qualifiés de marginaux s'accommodent fort bien d'emplois temporaires et peu rémunérateurs et par voie de conséquence d'un revenu moindre, cet accommodement représentant en définitive le prix que ces derniers acceptent de payer pour se soustraire, fusse-ce pour un temps, à l'emprise des appareils bureaucratiques et en définitive pour accéder à plus de liberté; cela d'autant plus volontiers qu'une législation sociale généreuse leur garantit quel que soit leur revenu la couverture de divers besoins considérés par tous comme essentiels.

Cette double argumentation n'a pourtant qu'une portée limitée.

Dans le premier cas, après avoir souligné le caractère aliénant du travail, il faudrait aussitôt ajouter que ce même travail si aliénant soit-il n'en représente pas moins pour les salariés, c'est-à-dire pour le plus grand nombre, la seule source de revenu qui leur soit accessible. Dès lors, il devient évident que revendiquer pour la sécurité d'emploi, c'est aussi et du même coup tenter de s'assurer d'un certain niveau de consommation, ce peut être aussi tenter d'élargir ce niveau de consommation et ceci devrait suffire à expliquer le caractère singulièrement mobilisateur de cette revendication.

J'ajouterai que l'évolution des structures de la consommation et plus précisément encore que la généralisation du crédit à la consommation sous toutes ses formes renforce la logique de ce comportement. Ce n'est que dans la tête des spécialistes des relations du travail que le producteur se dissocie pour des fins d'analyse du consommateur, alors qu'au niveau du vécu, du quotidien, c'est le même individu qui produit et consomme et qui entend continuer de produire pour pouvoir continuer de consommer.

À mon avis le second argument ne constitue qu'un subterfuge commode et fallacieux, s'il devait être généralisé. Il est en effet bien des « marginalités »; les unes délibérément choisies et assumées au terme d'une philosophie de l'existence que ne partage pas le plus grand nombre, les autres de loin les plus nombreuses imposées par le fonctionnement même du système économique et social et pour lesquelles le recours à l'expression « exclus » devrait s'imposer.

Il est aussi bien des catégories « d'exclus »; les uns le sont en raison de leur incapacité physique ou mentale à détenir un emploi rémunérateur, d'autres, là encore les plus nombreux, se rangent en leur nombre parce que la société n'a pas besoin de leur force de travail et ce sont eux qui font le plus problème. Ouvriers spécialisés, techniciens, diplômés de l'université en anthropologie, sociologie, en science politique, en lettres, en génie même, ils se sont parfois longuement préparés pour l'emploi qu'ils espéraient obtenir et qui n'existe pas. La marginalité dès lors risque fort de devenir pour eux non seulement une tentation mais une stratégie qui les portera à utiliser toutes les ressources du système auxquelles ils pourraient avoir accès: prestations d'assurance-chômage auxquelles donne droit l'exercice d'un emploi, fut-il temporaire, jusqu'aux ressources du bien-être social en passant par les projets Jeunesse-Canada au travail.

L'explication, bien sûr, ne saurait être ni aussi simple, ni aussi univoque. D'autres arguments pourraient être évoqués, qui s'inscriraient dans le même sens; tels, par exemple, celui qui ferait état de l'enracinement à la fois spatial et social des travailleurs et de tout un chacun qui les porte à vouloir demeurer là où ils sont, ou encore cet autre argument qui soulignerait les limites qu'impose la qualification acquise comme la difficulté persistante de l'accroître, sans oublier qu'en général le goût de l'aventure et du risque a tendance à baisser à mesure que l'on avance en âge.

S'il fallait nous résumer, nous avancerions mais avec prudence — dans la mesure où cette proposition ne s'appuie pas sur les résultats d'enquêtes conduites sur le terrain — que c'est encore cette volonté et ce désir que partagent les salariés de maintenir et si possible d'élargir le niveau de consommation qu'ils ont atteint, qui les portent à revendiquer avec force une sécurité d'emploi qu'ils voudraient aussi complète et définitive que possible.

Cette façon de voir, par ailleurs, demeure parfaitement congruente avec ce qui, selon l'opinion de divers économistes américains dont J.K. Galbraith, constitue la dynamique caractéristique du stade de développement économique que nous avons atteint ; dans les économies capitalistes dites avancées celle-ci reposerait de plus en plus sur l'influence voire le contrôle que pourraient exercer les centres de décisions économiques majeurs sur la formation même des besoins. Il faudrait aussi, et aussitôt, en souligner les risques : l'aliénation et l'exploitation du consommateur s'ajoutant alors et dans bien des cas à celle dont il est déjà victime en tant que producteur.

Conclusion

En guise de conclusion, nous vous livrerons quelques réflexions qui pourraient, peut-être, faciliter la recherche de solutions qui bien que provisoires n'en représenteraient pas moins un progrès par rapport à la situation actuelle.

La première de ces réflexions est en fait un constat selon lequel il existerait une contradiction persistante et peut-être insurmontable entre cette plasticité des structures de l'emploi qui constitue l'une des conditions nécessaires de tout progrès économique et cette aspiration persistante des syndicats et des salariés qu'ils représentent à une sécurité d'emploi aussi complète et définitive que possible.

Je l'ai dit, je le répète donc : aucune économie concrète ne peut fonctionner, s'adapter sans une certaine mobilité des structures de l'emploi. Cette exigence a une portée universelle ; elle vaut par conséquent quel que soit le régime économique considéré. Elle vaudrait encore dans le cas d'un ralentissement drastique de la croissance économique ; dans l'hypothèse de cette croissance de niveau zéro qu'envisage et prédit le Club de Rome, là encore il faudrait innover, trouver de nouvelles sources d'énergie, de nouveaux produits de substitution.

Pourtant, la froide logique de cet impératif, qui tient à ce que toute économie avant d'être rapports entre les hommes est d'abord et obligatoirement rapport de ceux-ci à la nature en laquelle ils puisent avant que de transformer ce qui est nécessaire à la satisfaction de leurs besoins ne suffit pas à entamer le caractère singulièrement mobilisateur des revendications que formulent les salariés dans le domaine de l'emploi. S'il en est ainsi, c'est qu'il est en effet vital pour tous les salariés de s'assurer un emploi aussi stable et rémunérateur que possible parce que cet emploi représente pour eux la condition qui devrait leur permettre de vivre de la façon dont ils ont jusque là vécu et si possible de vivre mieux.

Or disons le tout net, il n'est en cette matière que des garanties précaires du moins lorsque ces salariés relèvent de l'entreprise privée. S'il en est ainsi c'est que cette même logique de l'économique affaiblit et peut être rend illusoire la portée effective de ce que, les

syndicats, dans notre contexte et lorsque les circonstances s'y prêtent, pourraient parvenir à négocier en cette matière.

Il en est de la « sécurité d'emploi », comme du « droit au travail »
et comme du « droit au mariage », inscrit dans la constitution celui-ci
permet à chaque citoyen de convoler en justes noces, encore qu'il
ne saurait l'assurer ni de l'époux, ni de l'épouse de son choix.

La seconde de ces réflexions n'est à vrai dire qu'une mise en
garde contre ce que j'appellerai « la tentation de l'utopie ». Le rêve, le
pouvoir d'imaginer sont le propre de l'homme tout autant que son
comportement rationnel. À travers le rêve et l'imaginaire percent les
besoins et les aspirations qu'il porte en lui : égalité, fraternité, liberté,
abondance, plein emploi, sécurité d'emploi, encore que les hommes
qui font l'histoire ne s'accordent point entre eux ni sur leur définition, ni surtout sur les moyens et les conditions qui devraient leur
permettre de s'en approcher. L'imaginaire permet donc de dessiner
les contours d'une société idéale capitaliste ou socialiste qui impliquerait entre autres choses le respect effectif et collectif du « droit
au travail » sous-tendu notamment par une « sécurité d'emploi » totale.

L'une des fonctions essentielles de toute démarche tant soit
peu scientifique est de démystifier de telles utopies. Il faut donc
rappeler que le mode d'organisation et de fonctionnement de toute
économie de type capitaliste est incompatible avec une sécurité
d'emploi totale et définitive et que dans les sociétés socialistes bâ-
ties sur le modèle des démocraties populaires qu'il y a là encore
mobilité de la main-d'œuvre et que celle-ci est assortie de procédures fort rigoureuses et exécutoires concernant l'affectation des
salariés.

La troisième et dernière de ces réflexions est une invitation à revenir à ces problèmes qui sont actuellement les nôtres et plus précisément à les poser correctement.

C'est d'une analyse des structures et du mode de fonctionnement de l'économie qu'il faut partir, pour tenter de trouver une solution toujours provisoire aux problèmes de l'emploi.

Il faudrait encore sérier les questions selon l'ordre de priorité qui les caractérise ; c'est ainsi que dans les circonstances actuelles, le taux de chômage particulièrement élevé que nous connaissons constitue un problème beaucoup plus important et urgent que celui que pose la sécurité d'emploi.

L'on pourrait ensuite tenter de réduire les risques et les inconvénients contre lesquels les syndicats entendent protéger les travailleurs en négociant des clauses de « sécurité d'emploi », en facilitant la transférabilité de certains avantages acquis en raison de l'ancienneté d'une entreprise à l'autre, ce qui ne devrait pas soulever d'obstacles irréductibles dès lors que celles-ci exercent un type d'activité similaire.

Il faudrait renforcer en outre les effets des politiques de main-d'œuvre destinées à favoriser la mobilité à la fois géographique et professionnelle des travailleurs. Ces diverses mesures sans pour autant résoudre complètement le problème pourraient contribuer à le rendre moins angoissant.

Comme le chante Félix « Le meilleur moyen de tuer un homme c'est de le payer pour être chômeur ».

L'ÉTAT ET LA SÉCURITÉ D'EMPLOI

2

Yves DELAMOTTE

· Conservatoire national des arts et métiers
Paris

Dans la plupart des pays indus-triels, aujourd'hui, l'État cher-che à protéger par une législation appropriée les travailleurs contre des licenciements individuels ou collectifs. Cette préoccupation est apparue sans qu'il y ait nécessairement du chômage ; elle n'est pas liée à un état de crise, mais marque un développement naturel de la législation sociale, qui est par essence une législation protectrice. Il s'agit de prémunir le travailleur contre le risque grave qu'est pour lui la perte de son emploi. Cependant si une crise surgit, si le chômage se développe, les mesures de protection seront en général renfor-cées, parce que le risque de licenciement s'accroît. Dans cette pers-pective, la sécurité de l'emploi, c'est essentiellement la protection contre les licenciements, en particulier contre les licenciements col-lectifs ayant une cause économique.

La sécurité d'emploi s'entend aussi dans un autre sens : aider les travailleurs qui ont perdu leur emploi à en trouver un autre. L'État peut aussi agir sur ce plan en cherchant à favoriser la réinsertion professionnelle des travailleurs par des actions de formation et de placement, et en encourageant leur mobilité professionnelle et géographique. Ici encore cette action de l'État n'est pas liée à un contexte de crise. En fait les premiers développements dans cette direction sont apparus en Europe dans une période de développement économique et de plein emploi (1960–1970) et leur objectif était d'aider les travailleurs à s'adapter aux changements entraînés par la modernisation de l'appareil de production. Mais ici encore ces mesures peuvent être renforcées si le chômage se développe.

Il existe enfin un troisième ordre de mesures auxquelles peut recourir l'État dans le domaine de la sécurité de l'emploi. Ce sont les mesures exceptionnelles, en principe temporaires, rendues nécessaires par la crise. Ces mesures ont été prises depuis deux ou trois ans dans beaucoup de pays industriels. Un de leurs objectifs majeurs a été d'aider les jeunes, qui forment une forte proportion des demandeurs d'emploi, à trouver du travail.

J'examinerai successivement ces trois types de mesures. D'abord les mesures tendant à prévenir les licenciements, et là je mentionnerai ce qui a été fait en France, en Grande-Bretagne et en Allemagne. Ensuite j'évoquerai ce qui a été fait dans ces trois pays pour favoriser la réinsertion de la main-d'œuvre dans le marché du travail. Enfin je décrirai les mesures prises en France en faveur de l'emploi des jeunes, mesures sélectives et exceptionnelles.

Les mesures destinées à prévenir les licenciements pour cause économique

Il s'est agi essentiellement de mesures tendant à organiser et à réglementer les licenciements collectifs et à favoriser le recours au chômage partiel.

Réglementer les licenciements collectifs pour cause économique

Il s'agit, sinon de les empêcher, du moins de les rendre plus difficiles et de faire en sorte que les seuls licenciements collectifs, qui seront effectués, soient ceux que les circonstances rendent inévitables.

Les procédures, qui ont été retenues en France, Grande-Bretagne, Allemagne fédérale font intervenir d'abord les représentants du personnel, et ensuite l'administration.

En *France*, depuis 1966, un employeur qui envisage une réduction de l'effectif de son entreprise, doit saisir « en temps utile » le comité d'entreprise, composé de représentants élus du personnel, qui donne son avis sur l'opération envisagée. Ces dispositions générales ont été précisées par une loi du 3 janvier 1975. Désormais lorsque le licenciement envisagé concerne dix personnes ou plus, l'employeur doit fournir au comité d'entreprise des renseignements précis sur un certain nombre de points : nombre de licenciements envisagés, catégories professionnelles touchées, etc. La liste nominative des personnes dont le licenciement est envisagé n'est cependant pas donnée au comité d'entreprise.

Une fois que le comité d'entreprise a donné son avis (c'est-à-dire dans la pratique fait connaître son opposition), l'employeur doit saisir le représentant local de l'Administration du travail. Il lui demande d'autoriser le licenciement envisagé. C'est là la seconde phase de la procédure. L'employeur ne peut saisir l'administration qu'au moins 15 jours (et souvent plus longtemps en application de conventions collectives qui sur ce point vont plus loin que la loi) après avoir consulté le comité d'entreprise. Il doit fournir à l'administration divers renseignements précis sur l'opération envisagée, et en particulier la liste nominative des travailleurs concernés. Le procès-verbal de la séance du comité d'entreprise au cours de laquelle le projet de licenciement a été examiné est joint à la demande adressée au directeur départemental du travail, qui se trouve ainsi informé des réactions des représentants du personnel.

Le directeur départemental a 30 jours pour prendre sa décision. Il peut user de son pouvoir de refus pour obtenir de la direction de l'entreprise des aménagements à l'opération envisagée. Il peut suggérer aussi qu'avec l'aide de l'État des programmes de formation soient institués en faveur des travailleurs menacés de licenciements pour permettre leur reclassement. Sans doute s'il apparaît que le licenciement collectif a bien une cause réelle, par exemple une diminution importante des commandes ou une innovation technique, le directeur départemental du travail ne pourra pas s'opposer au licenciement, et la proportion des licenciements refusés est dans l'ensemble assez faible (moins de 10% des demandes). Mais ces pouvoirs reconnus à l'administration, et à un moindre degré la nécessité de demander l'avis du comité d'entreprise, font que les employeurs ne recourent aux licenciements collectifs qu'en dernière extrémité, et après avoir épuisé d'autres possibilités comme le chômage partiel.

En *Grande-Bretagne*, depuis la loi sur la protection de l'emploi (1975) les délégués syndicaux doivent être consultés en cas de licenciement. Si le licenciement envisagé concerne de 10 à 91 travailleurs, la consultation doit intervenir 60 jours au moins avant que les licenciements prennent effet ; ce délai est porté à 90 jours si 100 travailleurs au moins sont menacés. L'employeur doit, dans les mêmes délais, notifier les licenciements envisagés au Département de l'emploi.

Aux délégués syndicaux et au Département de l'emploi, il doit fournir un certain nombre de renseignements précis.

La différence avec la procédure française est que, dans le

Royaume Uni, la consultation des délégués syndicaux et la notification à l'administration sont deux opérations distinctes qui peuvent être effectuées simultanément (en France, ce sont là deux phases successives de la procédure). Et surtout, au Royaume Uni, *l'administration n'a pas le pouvoir de s'opposer au licenciement*, ni même d'influencer les modalités d'exécution. Ce que nous appelons en France *le contrôle de l'emploi* n'existe pas en Grande-Bretagne.

En *Allemagne fédérale*, le conseil d'entreprise est également consulté en cas de licenciement. Il peut même utiliser les pouvoirs qu'il tient de la loi sur la constitution des entreprises (co-gestion) si le licenciement est le « résultat de transformations profondes dans l'organisation de l'entreprise » devant entraîner un préjudice pour le personnel. Cela signifie qu'en cas de désaccord avec l'employeur, la solution finale sera arrêtée par une « commission de conciliation » (eirigungstelle).

L'employeur doit également notifier les licenciements envisagés au service local de l'emploi, lorsque les licenciements concernent un certain pourcentage de l'effectif. Mais il s'agit, comme en Grande-Bretagne, d'une simple *notification*. Les licenciements collectifs ne peuvent intervenir qu'à l'expiration du mois qui suit cette notification. Tout ce que peut faire le service de l'emploi (en vue par exemple de préparer des mesures de reclassement) est de demander que ce délai d'un mois soit porté à deux mois.

Telles sont les dispositions légales applicables dans les trois pays en cas de licenciement collectif. Il existe aussi des dispositions légales ou conventionnelles, relatives à l'ordre des licenciements, c'est-à-dire aux critères à retenir lorsque l'employeur décide des personnes à licencier mais les dispositions sur ce point sont en général peu contraignantes (par exemple dans le cas de la France la loi prévoit que l'employeur doit tenir compte de l'ancienneté, des charges de famille, de l'aptitude professionnelle mais sans préciser quel critère doit être le plus important). Il suffit donc ici de les mentionner en passant.

Favoriser le recours au chômage partiel

Pour l'employeur, confronté à des difficultés économiques, le recours à des horaires inférieurs à la normale est une façon d'éviter le licenciement. Les statistiques disponibles sur les chômeurs partiels montrent que leur nombre s'est accru considérablement ces dernières années. En Grande-Bretagne de juin 1975 à juin 1976 le nombre des ouvriers qui dans l'industrie manufacturière travaillent à horaire réduit a augmenté de 55%.

On comprend dans ce contexte que l'État se soit préoccupé de favoriser le recours au chômage partiel. Son intervention a pris dans 2 pays sur 3 la forme d'une aide financière et des dispositions, qui pouvaient être antérieures à la crise, ont été renforcées.

En *France* le chômeur partiel est assuré d'avoir pour toute heure non-travaillée au-dessous de 40 heures par semaine, une allocation correspondant à 50% de son gain horaire brut. Cette allocation lui est versée par l'employeur mais elle n'est pas effectivement à sa charge, car l'État lui rembourse une somme forfaitaire (3 f par heure et par travailleur).

En outre la loi du 3 janvier 1975, déjà évoquée à propos des licenciements collectifs, a prévu que l'État peut passer avec des organismes professionnels ou interprofessionnels *des conventions de chômage partiel*, par lesquelles il prend en charge une partie des indemnités versées par les entreprises à leurs chômeurs partiels. Aux termes des conventions qui ont été conclues, l'État a pris en charge 90% de l'indemnité (au lieu de rembourser les 3 frs). En 1976, 270 conventions ont été conclues, intéressant 45 000 travailleurs.

En *Grande-Gretagne* le système retenu est différent de celui de la France. C'est seulement l'absence de travail pendant toute une journée qui est indemnisée. En outre c'est l'employeur qui supporte seul toute la charge et il n'y a pas de contribution financière de l'État. Il est vrai que la charge de l'employeur est limitée par certaines dispositions sur le maximum de jours indemnisés (5 dans un trimestre) et sur le montant de l'indemnisation (les gains de la journée, dans la limite de 6 livres par jour).

En Allemagne fédérale l'indemnisation du chômage partiel est, à la différence de la Grande-Bretagne, complètement à la charge de l'État. L'allocation correspond à 68% des gains nets du travailleur depuis 1975. Les prestations sont payées pour une durée maximum de 6 mois, mais depuis 1975 le Ministre du travail peut décider de prolonger cette période de versements jusqu'à un plafond de 24 mois.

Comme vous le voyez, c'est en Allemagne que le système est le plus généreux, mais il est entièrement supporté par l'État; c'est en Grande-Bretagne que l'indemnisation est la moins élevée; elle est supportée exclusivement par l'employeur. Le système français est mixte. En France et en Allemagne les gouvernements ont renforcé le système en 1975 dans une perspective de lutte contre le chômage. Ce n'a pas été le cas en Grande-Bretagne.

Les mesures destinées à favoriser l'adaptation et la réinsertion professionnelle de la main-d'œuvre

Les mesures, qui viennent d'être décrites, visent à rendre plus difficiles ou à prévenir des licenciements collectifs. Elles procèdent directement d'une idée de sécurité de l'emploi. La cible, visée par ces mesures, est l'employeur qu'il s'agit de dissuader ou d'aider.

D'autres mesures qui n'ont, pas plus que les premières, été inspirées par la crise et ont un caractère permanent doivent également être mentionnées. Elles visent à favoriser l'adaptation de la main-d'œuvre aux emplois existants, en encourageant la formation professionnelle ou la mobilité géographique. Ici la cible visée est la main-d'œuvre. Il s'agit de l'aider à ne pas perdre un emploi ou d'en trouver un autre.

Les aides à la *mobilité géographique* se sont développées en France à partir de 1966. Toute une panoplie d'aides «légères», destinées à favoriser la perspective d'un emploi, ou d'aides «lourdes» destinées à faciliter la réinstallation ont été alors imaginées. Elles n'ont connu qu'un succès très modéré, et on s'accorde aujourd'hui en France pour penser que le véritable objectif à poursuivre est de rapprocher les emplois des hommes (non le contraire) dans le cadre d'une politique d'aménagement du territoire et de décentralisation.

Cependant l'idée d'une incitation à la mobilité (ou plutôt d'une aide à ceux qui sont prêts à se déplacer) n'est pas complètement abandonnée. Un décret de janvier 1977 a simplifié les conditions d'octroi des diverses aides, légères et lourdes. En Grande-Bretagne existent désormais le *Job Search Scheme* (pour aider les chômeurs à se déplacer en vue de chercher un emploi) et l'*Employment Transfer Scheme* (pour aider les chômeurs qui ont trouvé un emploi loin de chez eux à s'installer). En Allemagne des primes de mobilité d'un montant élevé sont accordées aux travailleurs en chômage depuis 6 mois au moins et qui occupent un emploi éloigné de leur lieu d'habitation. La crise a manifestement redonné, à un moment où rien ne doit être négligé pour diminuer le chômage, une certaine actualité à ces idées.

De même la formation professionnelle des adultes (c'est-à-dire en dehors de l'appareil scolaire), si elle correspond à des préoccupations déjà anciennes, a-t-elle face à la crise, connu des développements nouveaux. En France, en 1976, les effectifs de stagiaires, ayant bénéficié d'une aide de l'État, ont été de 780 000. Les stages destinés aux demandeurs d'emploi ont représenté 55% des heures de stage et ont permis d'amorcer la conversion ou l'insertion professionnelle de 350 000 demandeurs d'emploi (contre 250 000 en 1975). Cette action de formation des adultes est d'autant plus nécessaire en France que près de la moitié des jeunes sortent de l'appareil scolaire sans formation professionnelle.

Enfin un peu partout les moyens des services publics de l'emploi ont été renforcés. C'est en France que le retard était le plus grand et que l'effort de ce fait a été le plus marqué. Une Agence nationale pour l'emploi a été créée en 1967. Ses moyens ont été notablement accrus depuis 1975, avec l'apparition de la crise. À la fin de 1977 l'Agence comptait 8 000 personnes, réparties sur 600 points d'implantation. Malheureusement le taux de pénétration de l'Agence sur le marché du travail reste bien inférieur à ce qui avait été espéré (30%). Si la majeure partie des demandes d'emploi fait appel à l'Agence, quand ce ne serait que pour préserver leurs droits aux allocations de chômage et à la sécurité sociale, beaucoup d'employeurs ne s'adressent à l'Agence que pour pourvoir aux emplois les moins qualifiés et procèdent à une sélection directe des candidats aux autres emplois.

Toutes les mesures qui viennent d'être évoquées, rapidement et sans prétendre à l'exhaustivité, ont une origine qui remonte à la période précédant la crise, qu'il s'agisse des mesures tendant à prévenir les licenciements ou à favoriser la mobilité des demandeurs d'emploi. L'arrivée de la crise a seulement conduit les gouvernements à les renforcer et à les préciser. Les mesures, que nous allons examiner maintenant, constituent des mesures de crise, sélectives, temporaires et exceptionnelles. L'exemple retenu est celui de la

France, où ces mesures s'avéraient particulièrement nécessaires du fait de la montée du chômage (de mai 74 à octobre 75 le nombre de demandeurs d'emploi augmente de 500 000). Les mesures répondaient aussi à une urgence d'un autre ordre, d'ordre politique. En vue des élections législatives prévues pour mars 1978, et dont vous connaissez maintenant le résultat, il était souhaitable que le gouvernement puisse faire état le moment venu, des résultats positifs de son action.

Les mesures sélectives en faveur des jeunes: le Pacte National pour l'emploi (1977)

En janvier 1977 les jeunes de moins de 25 ans, qui forment 20% de la population active, représentaient 62% de l'ensemble des demandeurs d'emploi. Certaines mesures qui avaient été prévues en 1975 ou 1976, s'avérèrent insuffisantes. Elles furent complétées par une loi du 5 juillet 1977. On peut répartir l'ensemble de ces dispositions en 3 rubriques:

— mesures tendant à libérer des emplois;

— mesures tendant à inciter à l'embauche;

— mesures tendant à faciliter la formation professionnelle.

Mesures tendant à libérer des emplois

L'aide au retour concerne *les travailleurs étrangers* autres que les ressortissants des pays de la C.E.E. Il leur est proposé une somme assez élevée (10 000 frs), pour faciliter leur retour dans leur pays d'origine. Proposée au départ uniquement aux travailleurs immigrés privés d'emploi, l'aide au retour a été ensuite étendue aux immigrés installés en France depuis au moins cinq ans. Il s'agit d'une facilité offerte, non d'une mesure de contrainte.

La garantie des ressources concerne les travailleurs *âgés de plus de 60 ans*. Il s'agit d'un complément aux allocations de chômage, qui porte le total à 70% du salaire antérieur, et qui est servi jusqu'à la retraite, à 65 ans, à condition que le bénéficiaire ne reprenne pas une activité salariée. Créée en 1977, la garantie des ressources était d'abord destinée aux seuls travailleurs involontairement privés d'emploi. En juin 1977, elle a été étendue (jusqu'au 31 mars 1979) à ceux qui démissionnent de leur emploi.

Mesures tendant à inciter à l'embauche

Le contrat emploi-formation. L'employeur, qui embauche un jeune sous *contrat de travail*, bénéficie d'une aide financière de l'État s'il assure au jeune une formation, soit dans l'entreprise, soit dans un centre extérieur. La durée de la formation est comprise entre 120 et 500 heures, si le contrat est conclu pour une durée d'au moins 6 mois, entre 500 et 1 200 heures si la durée du contrat est d'au moins un an. Cette formule, instituée par un décret de 1975, a été en 1977 complétée par d'autres mesures.

L'exonération des charges sociales pour le premier emploi des jeunes. Cette mesure, instituée par une loi du 5 juillet 1977, a un caractère exceptionnel et provisoire, puisqu'elle n'est applicable que jusqu'au 30 juin 1978 (mais peut-être sera-t-elle prorogée!). L'État prend à sa charge les cotisations qu'aurait dû verser l'employeur au titre des diverses législations de sécurité sociale (assurances sociales, accidents du travail, allocations familiales), et qui correspondent approximativement à 30% du montant du salaire. Le contrat doit avoir une durée minimum de 6 mois. Ce peut être un contrat emploi-formation. Le jeune ne peut être licencié qu'en cas de faute grave. Il doit avoir cessé depuis moins d'un an ses études ou son apprentissage. La même exonération est applicable en cas de contrat d'apprentissage, mais dans ce cas l'exonération peut être maintenue pendant toute la durée du contrat, dans la limite de 2 années, durée habituelle des contrats d'apprentissage.

À ces mesures d'incitation à l'embauche et à la création d'emplois dans le secteur privé, on peut joindre le recrutement exceptionnel par l'État de 20 000 vacataires, bénéficiant d'un contrat de trois mois renouvelable trois fois. Ici encore il s'agit d'une mesure présentée comme temporaire et devant cesser à la fin de 1978.

Mesures tendant à faciliter la formation professionnelle

Ces mesures procèdent de la constatation que 60% des jeunes demandeurs d'emploi n'ont aucune formation professionnelle et rencontrent de ce fait des difficultés particulières d'insertion. Elles complètent les mesures déjà mentionnées relatives au contrat emploi-formation et à l'apprentissage (exonération des cotisations patronales).

Les stages de formation. Ces stages ont lieu dans des centres publics ou privés agréés par l'État. Leur durée est de 6 à 8 mois, entrecoupés de périodes passées dans une entreprise. Ils sont réservés aux jeunes sans emploi et sans formation professionnelle. Des stages de ce type avaient déjà été prévus par une loi de 1971 et avaient connu un fort développement en 1975 et 1976. Il s'agit de les développer encore, en fonction des exigences du marché local du travail. À cette fin les crédits de la formation professionnelle continue ont été majorés de 24% au budget de l'État de 1978.

Pendant leur stage, les stagiaires sont rémunérés par l'État.

Les stages pratiques en entreprise. C'est là une innovation de la loi du 5 juillet 1977. Le stage, réservé à des jeunes sans emploi et sans formation professionnelle, doit durer de 6 à 8 mois et inclure un minimum de 200 heures consacrées à une formation en rapport avec le travail effectué. Cette formation peut être dispensée soit à l'intérieur de l'entreprise, soit à l'extérieur dans un centre de formation public ou privé.

À la différence du contrat emploi-formation, il s'agit d'un *stage* et le jeune a le statut d'un stagiaire, même s'il est placé sous l'autorité de l'employeur. À ce titre il est rémunéré par l'État.

L'originalité de la formule est qu'elle initie concrètement le jeune à la vie de travail dans l'entreprise. On espère qu'elle lui permettra de se fixer plus rapidement, dans cette période incertaine qui suit la scolarité et qui est caractérisée par tous les observateurs comme une période d'hésitation et de tentatives multiples plus ou moins décevantes. On espère aussi que le stage en entreprise débouchera sur un emploi stable dans l'entreprise où a lieu le stage.

Telles sont les principales mesures prises en 1977 en faveur de l'emploi des jeunes. Elles ont été placées par le gouvernement sous le signe d'un Pacte National qui supposait la mobilisation et l'engagement de multiples instances : non seulement l'Agence pour l'emploi mais aussi toutes les organisations professionnelles et syndicales. Si les syndicats de travailleurs, qui espéraient dans leur majorité la victoire de la gauche en 1978, sont restés sceptiques, du côté patronal un concours actif a été effectivement apporté en vue de prospecter les entreprises susceptibles d'offrir des emplois ou des stages, de mobiliser les moyens locaux de formation, etc. Et cette action de support a été largement décentralisée.

Bien que ces mesures soient récentes, on peut cependant tenter d'en faire le bilan.

Les résultats du Pacte National pour l'emploi des jeunes

Le Ministre du travail a fait connaître en février 1978 les résultats du Pacte pour l'emploi. Nous présenterons ces résultats sous les mêmes rubriques que celles retenues pour la description du programme.

Mesures tendant à libérer des emplois. Au titre de *l'aide au retour*, près de 10 000 travailleurs étrangers avaient, fin janvier 1978, demandé à en bénéficier. C'est un effectif peu élevé.

Pour ce qui est de la *garantie de ressources*, à la même date, 14 000 salariés de 60 ans ou plus avaient décidé de démissionner pour en profiter. En admettant que ce nombre corresponde à 50 000 en année pleine, on reste très loin du chiffre des bénéficiaires potentiels, évalué à 600 000. Relativement peu de travailleurs âgés ont ainsi tiré parti de la possibilité qui leur était offerte.

Mesures tendant à inciter l'embauche. L'exonération des charges sociales a joué pour le recrutement de 338 000 jeunes dont 108 000 ont eu un contrat d'apprentissage et 26 000 un contrat emploi-formation. Le nombre des contrats d'apprentissage s'est ainsi accru de 30% par rapport au rythme observé en 1976.

Mesures tendant à faciliter la formation professionnelle. Au 20 février 1978, 69 000 jeunes effectuaient des *stages de formation*, et 139 000 des stages pratiques. Les *stage pratiques* ont connu une extension importante, surtout en fin d'année 1977.

Au total c'est près de 550 000 jeunes qui sont entrés au travail ou en stage. Le nombre aurait été moins élevé sans les mesures incitatives. Selon un sondage de l'Institut français d'opinion publique effectué auprès d'employeurs qui ont engagé un jeune, un employeur sur trois n'aurait pas embauché sans le «Pacte national pour l'emploi». Aussi bien la part des jeunes dans les demandeurs d'emploi est passée de 42.2% en janvier 1977 à 37.5% en janvier 1978. L'efficacité des mesures décidées par le gouvernement est incontestable.

Il n'en demeure pas moins que les mesures prises soulèvent quelques questions qui sont d'ailleurs posées par les syndicats des travailleurs. Bien que des contrôles par l'administration soient prévus, la qualité de la formation, donnée en entreprise, au titre de contrat emploi-formation, est parfois mise en doute. Si le contrat emploi-formation ne débouche pas sur un emploi stable dans l'entreprise, la formation reçue garantira-t-elle l'employabilité du jeune dans une autre entreprise?

La question fondamentale, que l'on rencontre là, est celle de la stabilisation des jeunes dans leur emploi. Sans doute ceux qui ont conclu un contrat d'apprentissage ont de très fortes chances de déboucher sur un emploi stable; mais les contrats emploi-formation ont souvent été conclus pour 6 mois (durée minimale) et rien ne garantit qu'à l'arrivée du terme l'employeur conservera le jeune dans son entreprise. Le même problème se pose pour les stages pratiques en entreprise, bien que selon un sondage 60% des chefs d'entreprise interrogés déclarent avoir l'intention d'embaucher le stagiaire à l'issue du stage. Comme l'observe une note sur l'évolution du chômage en 1977, publiée par l'Institut national de statistique[1], «à partir du second trimestre 1978 et jusqu'à l'été, les fins de stage — lorsque le jeune n'est pas gardé dans l'entreprise — pèseront sur le marché du travail dans un mouvement inverse de celui observé à partir de septembre 1966».

Les mesures en faveur des jeunes ont eu une incidence sur l'évolution du nombre de demandeurs d'emploi. Sur les 8 premiers mois de l'année 1977 le nombre de demandeurs d'emploi inscrits à

---

[1] «L'évolution du chômage en 1977», in *Économie et Statistique*, février 1978.

l'Agence Nationale pour l'Emploi augmente de 220 000 personnes (données désaisonnalisées). D'août à décembre, on enregistre une baisse de 120 000. Selon la note précitée, l'essentiel de la baisse après août «semble devoir être attribuée à la création des stages pratiques en entreprise et à l'effort fait pour l'ouverture des stages de formation». Les stagiaires qu'ils soient en entreprise ou dans un centre de formation ne sont pas comptabilisés dans les demandeurs d'emploi.

Cette ponction, effectuée sur le chômage, ne s'est pas accompagnée, semble-t-il, d'une véritable création d'emplois. Même si on admet que les mesures incitatives ont provoqué un accroissement de l'embauche des jeunes entrant en activité, il n'en demeure pas moins que tout au long de l'année 1977 les effectifs salariés ont diminué, les entreprises cherchant dans l'ensemble à ajuster leur effectif à leur production. Ainsi l'emploi a continué à diminuer alors que le chômage se mettait lui aussi à baisser: les mesures gouvernementales ont déconnecté les deux évolutions.

Globalement, de fin 1976 à fin 1977, le nombre de demandeurs d'emploi est passé de 1 037 000 à 1 145 000 (chiffres bruts) soit plus de 5% de la population. Les données, qui viennent d'être exposées, permettent de mieux cerner la portée des mesures prises au titre du Pacte National pour l'emploi: d'une part, sans elles le chômage serait encore plus élevé, d'autre part, elles n'ont pas entraîné cette création d'emploi qui reste attendue de la reprise. Elles constituent d'une certaine façon un pari fait sur la reprise à venir qui entraînera que les jeunes, stagiaires ou embauchés, s'inséreront durablement dans la vie active.

Telle a été la politique menée en France. Des mesures comparables ont été prises dans d'autres pays d'Europe, avec des résultats variables. Vous voyez qu'il s'agit pour l'essentiel d'une incitation à la création d'emplois dans le secteur privé. Peu de choses ont été faites à la différence d'autres pays, pour offrir des emplois aux jeunes dans le secteur public.

En conclusion il ressort clairement de cet examen des mesures sélectives adoptées en France en faveur des jeunes chômeurs qu'il ne peut s'agir que de mesures d'attente qui constituent comme un pari sur l'avenir. Quant à la reprise elle-même, elle ne peut résulter que d'une politique globale, à la fois économique, monétaire, financière, industrielle, sociale. Politique difficile à définir et à mener car elle doit tenir compte de certaines contraintes, comme la lutte contre l'inflation, et doit combiner une approche macro-économique et des mesures sélectives. Dans cet exposé sur l'État et la sécurité de l'emploi, je m'en suis tenu aux mesures «sociales»; il est bien clair qu'elles sont insuffisantes en elles-mêmes pour régler les problèmes auxquels nous sommes tous confrontés et pour susciter une création d'emplois qui soit une création durable gagée sur une évolution économique favorable.

PEUT-IL EXISTER UNE MÊME SÉCURITÉ D'EMPLOI POUR TOUS?

3

Jacques MERCIER

Département des relations industrielles
Université Laval
Québec

et

Claude RONDEAU

Département des relations industrielles
Université Laval
Québec

Sécurité d'emploi, sécurité dans l'emploi, sécurité par l'emploi, voilà plusieurs expressions qui désignent des réalités plus ou moins différentes mais qui ont en commun une même recherche à travers des modalités et des schèmes multiples, à savoir, la sécurité économique des individus et des familles. Les efforts déployés par des individus, des groupes et la société en général pour garantir la satisfaction d'un certain niveau de besoins avec ce qu'un tel terme comporte de subjectif et de variable, n'ont rien de nouveau.

C'est dans cette perspective de la «sécurité économique», terme que nous définirons par la suite, que nous proposons d'aborder le thème de la sécurité d'emploi. Une telle perspective est avant tout macro-économique par opposition à la notion plus conventionnelle de sécurité d'emploi. Toutefois, il est un point commun aux diverses approches à la question de la sécurité d'emploi et c'est l'objectif poursuivi, c'est-à-dire, l'assurance d'une meilleure sécurité économique dans le temps pour les individus.

Nous traiterons spécifiquement de deux choses :

d'abord il importe de définir ce que l'on peut entendre par sécurité économique au sens macro-économique du terme ; plus spécifiquement, on peut se demander quelles sont les différentes manifestations de l'insécurité économique. Nous en avons retenu trois.

en second lieu, on peut se demander quels sont les mécanismes ou les éléments actuels qui contribuent à la sécurité économique et quels en sont les limites.

Ce qui nous a paru important de faire ressortir ici, c'est que, considéré sous l'angle d'un objectif social valorisé, la sécurité économique est un phénomène multidimentionnel d'une part. De plus on peut analyser comme faisant partie d'un tout, d'un système pour ainsi dire, différents efforts tant privés que publics, orientés vers une meilleure sécurité économique des individus. Notre seule prétention est qu'une telle démarche puisse servir de cadre d'analyse au phénomène et possiblement aux solutions à rechercher.

Il serait en effet prétentieux de présenter les réflexions qui suivent comme étant nouvelles ou originales. Pour ceux d'entre vous qui ont assisté aux Congrès passés des Relations industrielles, vous vous souviendrez peut-être de ceux de 1951 et 1956 dont les thèmes respectifs s'intitulaient « La sécurité de la famille ouvrière »[1] et « La

---

[1] *Sécurité de la famille ouvrière*, 6e Congrès des relations industrielles de l'Université Laval, P.U.L., 1951.

stabilité de l'emploi»[2]. Il vous semblera, avec justesse sans doute, que c'est toujours la même bonne vieille soupe que l'on brasse et rebrasse. C'est pourquoi nous avons plutôt cherché, à l'aide de la notion d'insécurité économique, à mettre en rapport divers problèmes et à faire ressortir la nécessité de considérer comme faisant partie d'un tout, l'analyse de différentes approches. Précisons d'abord ce que nous entendrons par insécurité économique ou son inverse, la sécurité économique.

Sécurité économique et sécurité d'emploi

Pour conserver une certaine unité au problème, nous nous limiterons à la main-d'œuvre salariée actuelle et potentielle comme population de référence, d'où le lien évident entre sécurité économique et sécurité d'emploi. Il est clair, à la suite de ce qui précède, qu'une notion institutionnelle de sécurité d'emploi telle que définie par exemple dans le *Dictionnaire canadien des relations du travail*, à savoir la «garantie pour un travailleur de conserver son emploi au sein d'une organisation, lorsque sont réalisées certaines conditions»[3] constitue une solution particulière et limitée au phénomène de l'insécurité économique. Une notion plus englobante comme celle utilisée par Jean Sexton, de «sécurité dans l'emploi»[4] apparaît plus indiquée dans le présent contexte parce qu'elle implique l'idée que l'emploi est le moyen privilégié pour réaliser la sécurité économique. Cette conception n'est pas nouvelle. Elle trouve son fondement d'une part dans la reconnaissance du droit au travail des individus — entendu au sens de faculté de pouvoir exercer un emploi

---

[2] *La stabilité de l'emploi*, 11e Congrès des relations industrielles de l'Université Laval, P.U.L., 1956.
[3] DION, Gérard, *Dictionnaire canadien des relations du travail*, P.U.L., 1976, p. 325.
[4] Voir la conférence présentée par monsieur Jean Sexton à ce congrès.

productif et rémunérateur librement choisi[5] — tel que proclamé
dans l'article 25 de la Déclaration Universelle des Droits de l'Homme
de 1948 et repris à l'article 1 de la Convention numéro 122 de l'O.I.T.
concernant la politique de l'emploi. D'autre part, comme le recon-
naissait la Commission d'Enquête sur la Santé et le Bien-Être Social
au Québec, elle est basée sur l'acceptation qu'étant donné l'organisation actuelle de la société, l'atteinte d'un meilleur niveau de vie et
d'une plus grande valorisation des individus est à rechercher davantage du côté d'un emploi pour tous plutôt que du côté de la « maxi-
misation » du revenu national dont la redistribution se ferait ensuite
en fonction des besoins des individus. Bien sûr cette position n'est
valable qu'à la condition que l'emploi ne soit pas une panacée et
constitue un véritable débouché[6]. La définition de sécurité économique qui s'impose pourrait alors s'énoncer comme suit : « la garantie pour tout individu apte et désireux de travailler de pouvoir satisfaire à ses besoins ordinaires présents et futurs PAR l'emploi et
DANS l'emploi », l'expression PAR l'emploi implique que ce dernier
doit être suffisamment générateur de ressources pour permettre la
satisfaction des besoins tandis que l'expression DANS l'emploi désigne le moyen à privilégier pour générer ces ressources. L'insécurité s'accroîtra lorsque l'une ou l'autre de ces conditions, et *a fortiori*
les deux, ne seront pas remplies. Voyons donc comment l'on peut
conceptualiser ce phénomène afin de pouvoir le soumettre à l'analyse.

---

[5] Par exemple, voir l'article de Gérard Dion, « Le Droit au travail » *Relations Industrielles*, Québec, P.U.L., vol. 15, nº 4, octobre 1960, pp. 498–509.

[6] Rapport de la Commission d'Enquête sur la Santé et le Bien-Être Social, *La Sécurité du Revenu*, vol. V, Québec, 1971, p. 220 ; voir également Marc LALONDE, *Document de travail sur la sécurité sociale au Canada*, Gouvernement du Canada, **1973.**

Les dimensions de l'insécurité d'emploi

La définition précédente suggère que l'insécurité se rapporte au risque de se trouver sans emploi à un moment déterminé d'une part, et au risque d'occuper un emploi qui ne génère pas suffisamment de ressources selon les besoins de l'individu d'autre part. On peut également scinder le premier type de risque selon qu'on détient un emploi et l'on parlera alors de vulnérabilité ou qu'on est sans emploi et l'on parlera d'employabilité.

Le concept de vulnérabilité réfère au risque pour un individu de perdre son emploi [7] pour des raisons indépendantes de sa volonté telles le licenciement ou la maladie [8]. Quant à l'employabilité, elle désigne la probabilité pour un individu de trouver ou retrouver un emploi dans un délai déterminé [9]. Il existe une gamme de facteurs susceptibles d'influer sur l'une ou l'autre de ces dimensions et qu'on peut regrouper pour des raisons pratiques selon qu'ils affectent l'offre ou la demande de travail.

Voici une liste sommaire, non exhaustive, des facteurs reliés à chacune des dimensions de l'insécurité économique.

La vulnérabilité dépend entre autres choses de la productivité actuelle et future de l'individu pour un employeur donné, de la spécificité de ses services pour cet employeur, du degré de concurrence auquel il fait face sur le marché du travail, de l'état de la demande pour ses services (c'est-à-dire de la demande pour la production à laquelle il participe, des changements dans les exigences

---

[7] LEDRUT, R., *La Sociologie du chômage*, P.U.F., 1961, p. 68.

[8] F. Michon associe vulnérabilité à la « probabilité d'entrer en chômage » ce qui comprend entre autres, les nouveaux venus ou les retours sur le marché du travail. Pour les besoins de notre sujet, l'insécurité d'emploi, cette addition est inutile d'autant plus, comme le reconnaît l'auteur lui-même, qu'il n'est pas possible alors de distinguer vulnérabilité d'employabilité. Voir MICHON, François, *Chômeurs et Chômage*, P.U.F., 1975.

[9] *Ibid.*

techniques de sa tâche ou autres modifications au système de production). La vulnérabilité dépend également des mécanismes insti-
tutionnels de protection contre les déplacements et la perte d'emploi
y compris pour des raisons de discrimination de toutes sortes, du
coût d'investissement en capital humain que l'individu représente
pour l'employeur, des conditions de travail incluant l'hygiène, la
sécurité physique des lieux, le stress, etc. Ces facteurs agissent
souvent de façon sélective, c'est-à-dire que certaines catégories de
main-d'œuvre seront plus vulnérables que d'autres.

Notons également que plusieurs de ces facteurs ne sont pas
indépendants du mode d'organisation sociale de la production. En
d'autres termes, un mode de production axé d'abord sur la recherche du profit privé n'est pas neutre à l'égard de la vulnérabilité, car il
aura tendance à faire supporter directement par l'individu et la société, plutôt qu'à les assumer lui-même, les périodes de faible productivité du travailleur (exemple: travailleurs âgés, les travailleurs
dont les qualifications deviennent soudainement désuètes).

Plusieurs de ces facteurs agissent également sur l'employabilité: la productivité endogène de l'individu, c'est-à-dire sa santé, son
expérience, son niveau d'éducation, sa personnalité, etc., son degré
de polyvalence, la discrimination dans l'embauche, le favoritisme, la
protection institutionnelle (e.g. priorité dans les rappels), son degré
de mobilité géographique, de connaissance du marché du travail,
ses efforts au niveau de la recherche d'emploi et l'efficacité des
méthodes de recherche utilisées, l'état de la demande pour ses services tant du côté du produit que des qualifications détenues, les
services publics de main-d'œuvre disponibles et leur accessibilité, la
nature et les conditions de l'emploi recherché, etc. Tous ces facteurs
contribuent à accroître ou diminuer l'employabilité des individus.

Là encore, la sélectivité peut être importante. De plus certains facteurs qui abaissent la vulnérabilité pour des individus ou groupes d'individus peuvent dans certains cas simultanément réduire l'accès à l'emploi pour d'autres, par exemple, les échelles de progression basées sur un critère comme l'ancienneté, et de façon plus générale, les marchés internes.

Quant à la troisième composante de l'insécurité, à savoir l'insuffisance des ressources, elle dépend bien sûr à la fois de l'emploi lui-même comme du niveau des besoins de l'individu et ceux-ci vont varier selon l'âge, les responsabilités familiales, la région, etc. En ce qui concerne la capacité de l'emploi à générer suffisamment de ressources et plus particulièrement un revenu suffisant, cela dépend entre autres de la productivité de l'industrie ou de l'établissement, de la concurrence sur le marché du produit, du pouvoir de marchandage des individus et des groupes, de la discrimination dans les salaires, dans les promotions, de la nature des emplois qui sont accessibles à l'individu et de sa productivité, etc.

On peut, dans l'optique d'une politique globale ou macro-économique de sécurité d'emploi au sens de sécurité économique par et dans l'emploi, utiliser cette classification des sources d'insécurité pour identifier des groupes précis d'individus selon diverses variables comme le sexe, l'âge, le statut civil, la région, l'industrie, l'occupation, etc. en fonction de leurs difficultés respectives vis-à-vis chacune des dimensions de l'insécurité.

Nous n'avons pu pour les fins de cette présentation, faute de temps et de données, réaliser l'étude empirique que nécessiterait un tel projet, mais on peut illustrer les possibilités de cette approche à l'aide de certaines données publiées par des organismes gouvernementaux. Si l'on considère par exemple des catégories de main-d'œuvre générales comme les jeunes, les 25–54 ans et les individus de 55 ans et plus, hommes et femmes, on perçoit rapidement des différences marquées quant à l'employabilité et la vulnérabilité.

Par exemple, à partir de données publiées par le Conseil économique du Canada sur le chômage pour 1973 [10], une année relativement bonne au point de vue des indicateurs économiques (taux de chômage national de 7.3%), on peut calculer qu'environ 50% des hommes de 15 à 24 ans se seraient trouvés en chômage à un moment ou l'autre de l'année 1973 [11]. Cette proportion était de un tiers plus élevée que pour les femmes du même âge, de trois fois plus élevée que chez les 25–54 ans hommes et femmes, et cinq fois plus élevée que chez les femmes de 55 ans et plus. Donc très forte incidence du chômage chez les jeunes particulièrement du groupe masculin. Par contre, la durée moyenne du chômage des jeunes était relativement plus faible que chez les autres groupes, c'est-à-dire que les difficultés d'employabilité, malgré une forte incidence du chômage, étaient moindre (du moins en apparence puisqu'il faudrait pouvoir contrôler toute une série de facteurs pour lesquels nous n'avons pas de données pour poser un diagnostic plus précis).

Statistique Canada publie également depuis peu des données qui peuvent être utilisées pour calculer approximativement la vulnérabilité. Or si l'on ne considère que les cas de mises-à-pieds pour janvier 1978, la vulnérabilité des hommes de 25 ans et plus aurait été pour cette période aux alentours de 10% [12], soit sept fois moins

---

[10] Conseil Économique du Canada, *Des travailleurs et des emplois*, Ottawa, 1976.

[11] Ceci en faisant l'hypothèse restrictive qu'un individu ne connaît qu'une période de chômage durant l'année. Le calcul se fait de la façon suivante:

$$= U_i \times 52 - S_i \text{ ou } U_i = \text{Taux de chômage du groupe } i, 1973$$
$$S_i = \text{Durée moyenne de chômage en semaine du groupe } i, 1973$$

[12] Il s'agit d'un calcul grossier dont seuls les ordres de grandeurs importent. Nous avons utilisé le rapport nombre total de mises-à-pieds pour janvier 78 sur emploi total pour janvier 78, et ce pour chaque groupe.

élevée que chez les femmes du même âge, six fois moins élevée que chez celles de 15-24 ans et trois fois moins élevée que chez les hommes de 15-24 ans.

Dans la mesure où ces données peuvent servir d'indicateurs, malgré leur nature trop générale, on pourrait conclure par exemple, que les jeunes ne souffrent relativement pas d'un manque d'employabilité mais par contre, qu'ils semblent assez vulnérables, moins toutefois que les femmes en général, etc. Donc il serait possible de dresser une sorte de tableau à deux dimensions où l'on pourrait indiquer la faiblesse relative des groupes divers vis-à-vis chaque dimension de l'insécurité.

En ce qui concerne la troisième dimension de l'insécurité, soit l'insuffisance des ressources d'emploi, qu'il suffise de mentionner que le Conseil National du Bien-Être Social [13] estimait qu'au Québec, en 1975, une famille sur neuf dont la majorité du revenu provenait de l'emploi de l'un ou plusieurs de ses membres, se trouvait en deça du seuil de pauvreté tel que défini par Statistique Canada, et ce, en tenant compte du nombre de personnes par famille.

Nous n'avons offert ces statistiques qu'à titre illustratif. Nous entendons cependant examiner la question de beaucoup plus près un peu plus tard. Pour le moment, nous allons aborder le deuxième aspect de l'exposé concernant la relation entre les éléments du système de sécurité économique et le problème d'insécurité.

Le système de sécurité économique

Selon une chronologie caricaturale, on peut facilement penser à trois types d'efforts qui se sont manifestés, visant chacun à sa façon

---

[13] Conseil National du Bien-Être Social, *Les Petits Salariés*, Ottawa, 1977.

à réduire les risques d'insécurité économique. Les trois types se sont plus ou moins succédés dans leur développement et se retrouvent aujourd'hui encore à des degrés divers et dans des formes qui se sont adaptées à la nature changeante du système de production. Le premier est le type individuel qui s'étend de la famille rurale auto-suffisante passant par l'économie artisanale jusqu'au professionnel et au travailleur « à leur compte » sans oublier la famille au sens statistique du terme et qui pour certains, peut être perçue comme une unité de production allouant ses diverses ressources en temps et en capital humain entre le travail hors-marché et sur le marché selon les conditions économiques existantes.

Un second type, de nature institutionnelle, centré sur l'établissement ou pour utiliser un vocabulaire plus moderne, sur l'organisation et reposant sur la capacité du groupe à protéger ce que Selig Perlman a appelé le « territoire des emplois »[14] contre l'arbitraire de la direction et la concurrence extérieure s'est également peu à peu imposé. C'est en ce sens que l'extension de la négociation collective a donné lieu chez nous à une « balkanisation des marchés de travail » pour reprendre une expression de Clark Kerr[15]. Finalement toute la gamme des politiques publiques orientées vers l'objectif du plein emploi et dont l'État assume la responsabilité, une responsabilité qui s'est avérée plutôt timide dans les écrits comme dans les faits au Canada[16], constitue un troisième type, de nature collective. Tous ces développements peuvent être conçus comme les divers éléments plus ou moins articulés et localisés à des paliers différents

---

[14] PERLMAN, Selig, *A Theory of the Labor Movement*. N.Y., The Macmillan Co., 1928.

[15] CLARK, Kerr, « The Balkanization of Labor Markets » E. Wight Bakke(ed), *Labor Mobility and Economic Opportunity*, N.Y., John Wiley & Sons, 1954.

[16] Le livre Blanc du gouvernement fédéral de 1946 *Travail et Revenus* définit le plein emploi comme « un niveau de travail élevé et stable ».

d'un système dont la fonction consiste à réduire l'insécurité économique. Il s'agit maintenant de considérer ces divers efforts d'après leur capacité à répondre aux problèmes d'insécurité selon les trois dimensions identifiées, soit la vulnérabilité, l'employabilité et l'insuffisance des ressources d'emploi.

Afin de simplifier, nous avons retenu parmi ces éléments quatre ensembles de mesures publiques ou privées. Pour chacun, nous décrirons sommairement les types de risques couverts, et les catégories de main-d'œuvre auxquelles le système s'adresse.

Parmi les quatre éléments dont nous discuterons, trois sont d'ordre public, tandis que le quatrième est d'ordre privé ; il s'agit de :

1 - la politique de l'emploi ;

2 - la politique des services de main-d'œuvre (P.M.O.) ;

3 - la politique de sécurité du revenu ;

4 - les mesures privées prises par les individus ou les ménages, ou contenues dans les conventions collectives.

Nous ne voulons pas ici entrer dans une discussion détaillée et technique de la manière dont les politiques affectent le niveau ou la distribution de l'emploi ou du revenu dans notre société. Nous ne voulons pas non plus soulever la polémique autour de la définition opérationnelle ou statistique de certaines mesures telles que le niveau de plein emploi, ou le niveau de revenu minimum. Ce qui nous intéresse, c'est l'étude des risques d'insécurité que peut couvrir ou ne pas couvrir chacun des éléments du système de sécurité économique quant à l'étendue de cette couverture et quant aux lacunes qu'elle comporte.

Avant d'entrer dans le vif du sujet, il n'est pas inutile de rappeler l'existence de liens d'interdépendance qui associent les quatre éléments mentionnés, et l'intérêt qu'il y a à les considérer comme un système. Par système nous entendons un plan ou un objectif qui est commun à différents éléments, et auquel chacun des éléments contribue d'une façon spécifique. Cette approche nous permet d'identifier différentes méthodes par lesquelles l'objectif assigné peut être poursuivi, d'estimer l'efficacité de chacune des méthodes, et de saisir leur complémentarité ou leurs contradictions[17].

Les quatre éléments énumérés plus haut ont tous en commun l'objectif de la sécurité économique. Cependant, certains de ces éléments visent aussi d'autres objectifs, différents d'un cas à l'autre, et parfois divergents. Ces autres objectifs interviennent comme des contraintes dans la recherche de la sécurité économique, et réduisent l'efficacité de la poursuite de l'objectif commun. D'un autre côté, dans un système idéal, chacun des éléments devrait contribuer à pallier les déficiences des autres, de sorte que le système peut parvenir à «maximiser» les chances de réalisation de l'objectif qui est commun à chacun de ses éléments.

Examinons maintenant les éléments du système de sécurité économique.

La politique de l'emploi

La politique de l'emploi est constituée d'un ensemble de mesures gouvernementales, incluant principalement les politiques monétaire et fiscale, la politique d'équilibre extérieur et du change, la politique d'aide au développement régional ou sectoriel et les programmes de création d'emplois publics. Chacune de ces mesures a parmi ses objectifs, de favoriser la pleine utilisation des ressources

---

[17] Un système comporte aussi un mécanisme de rétroaction ou d'autorégulation, que nous ne chercherons pas à détecter ici.

humaines disponibles, soit dans l'ensemble de l'économie, soit dans une région ou dans une branche d'industrie spécifique. Cependant, le plein emploi, ou un niveau élevé d'emploi, ne constitue qu'un parmi un ensemble d'objectifs de ces politiques macro-économiques. Parmi les objectifs concurrents mentionnons la stabilité des prix, l'équilibre de la balance des paiements et du commerce extérieur, le contrôle des dépenses gouvernementales et la répartition du revenu national. La réalisation du plein emploi dépend largement de la priorité accordée à ces autres objectifs. L'analyse des politiques gouvernementales des trente dernières années démontre que, confronté à un choix, le gouvernement canadien a accordé une forte préférence à la stabilité des prix. En 1978 la priorité accordée à la lutte à l'inflation est tellement dominante, que la politique d'emploi du gouvernement canadien implique un taux de chômage de plus de 8% au plan national et de plus de 10% au Québec.

Il faut admettre toutefois, qu'il y a des limites à ce qu'on peut accomplir par la politique de l'emploi. Étant donné, entre autres, la structure occupationnelle et géographique de la main-d'œuvre à un moment donné, la hausse de l'emploi due à une stimulation de la demande globale de biens et de services, par exemple, rencontre du côté de l'offre de travail des goulots d'étranglement progressivement plus importants. Par ailleurs, plus la stimulation de la demande est rapide, plus ces goulots apparaîtront tôt dans la phase de croissance de l'emploi. Ainsi la politique de l'emploi atteint ses limites lorsque l'accroissement de la demande se traduit de plus en plus en inflation, plutôt qu'en augmentation de l'emploi. À ce point, la P.M.O. peut intervenir pour relever le niveau d'emploi qui peut être atteint sans inflation. Nous reparlerons de la P.M.O. plus loin.

Dans la mesure où l'objectif d'un niveau élevé d'emploi est poursuivi effectivement, la sécurité économique sera améliorée par un accroissement de l'employabilité, une réduction de la vulnérabilité, et une diminution probable de la proportion des personnes qui occupent des emplois à bas salaires. Cependant, l'effet de la politique de plein emploi se situe au niveau des aggrégats macro-économiques ou sectoriels, tels que le taux moyen de chômage dans l'ensemble de l'économie. En d'autres termes, c'est l'individu moyen ou typique qui peut voir une amélioration de ses chances d'obtenir un emploi s'il en recherche un, ou de le conserver s'il en occupe un. En principe, l'ensemble des personnes aptes au travail et désireuses de travailler, peuvent bénéficier d'une politique de plein emploi; en pratique, une partie minoritaire, mais importante, de ce groupe de personnes reste dans une situation d'insécurité, que ce soit à cause d'une faible productivité, de qualifications en voie de devenir désuètes, de changements structurels dans l'économie, ou pour d'autres raisons. Ce qui est inquiétant par ailleurs, et qu'il est important de souligner, même si le fait est bien connu, c'est la tendance au relèvement en longue période du taux moyen de chômage, au Québec comme au Canada. Cela signifie une baisse progressive de l'efficacité de la politique de l'emploi comme instrument de réduction de l'insécurité économique du moins en ce qui regarde certaines catégories de main-d'œuvre, par exemple, la population féminine[18].

La politique de l'emploi constitue donc un instrument efficace mais limité, de promotion de la sécurité économique. Ces limites proviennent soit des objectifs concurrents (en particulier la lutte à l'inflation), soit de la nature aggrégative de ses effets sur l'emploi.

La politique des services de main-d'œuvre, telle qu'élaborée au Canada, vise à faciliter la réalisation des objectifs de croissance

---

[18] Cette affirmation doit être pondérée dans la mesure où une partie de la population en chômage ne constitue pas au sens économique du terme des chômeurs, c'est-à-dire aptes et disponibles au travail. Toutefois, nous ne croyons pas que le phénomène du chômage induit et volontaire suffise à expliquer le relèvement observé dans le taux moyen du chômage. De plus, l'existence même d'un chômage induit pourrait signifier qu'une politique d'emploi gagnerait à être plus sélective.

économique, d'équité dans la distribution du revenu et de stabilisation économique par l'amélioration du fonctionnement du marché du travail principalement du côté de l'offre de travail. Il est intéressant de noter que l'objectif de stabilisation englobe aussi bien la lutte à l'inflation que la réduction du chômage [19]. Cependant, comme la lutte à l'inflation se traduit ici par des mesures visant à accroître la productivité du travail et désamorcer les goulots d'étranglement sur le marché, elle est susceptible de favoriser la sécurité économique.

Les instruments de la politique de main-d'œuvre incluent la formation professionnelle et le recyclage, l'aide à la mobilité et la distribution d'informations de nature générale sur l'état du marché du travail et de nature spécifique sur les emplois vacants et les chercheurs d'emploi. On peut facilement concevoir la politique de main-d'œuvre comme l'outil privilégié d'une politique publique visant à assurer à chacun la sécurité économique par l'emploi, plus spécialement en cherchant à atteindre des groupes d'individus qui rencontrent des difficultés spécifiques sur le marché du travail : manque de qualifications ou d'informations, immobilité géographique, etc. Cependant, il faut noter que la P.M.O. n'est pas elle-même créatrice d'emploi. Son rôle se limite à rendre les individus disponibles aptes à combler les postes vacants. De la sorte, la P.M.O. est d'une efficacité limitée en l'absence de mesures destinées à maintenir un niveau élevé de demande de travail. Dans ce cas, comme cela semble s'être produit dans une bonne mesure au Québec, elle peut se réduire à un ensemble de mesures contra-cycliques, et contra-saisonnières, dont l'effet principal, en courte période, est de soutenir le revenu des chômeurs et de réduire temporairement le nombre de chercheurs d'emploi. L'inclusion dans la P.M.O. des programmes de

---

[19] Conseil Économique du Canada, *L'État et la prise de décision*, Huitième Exposé Annuel, 1971, p. 101.

création d'emploi comme les P.I.L. autrefois, l'aide aux municipalités, P.J., n'affecterait pas cette observation.

Ceci étant dit, on ne peut nier l'effet positif que peut avoir une P.M.O. sur la sécurité économique, surtout en termes d'employabilité, par ses programmes de formation professionnelle, et par la diffusion d'informations. Lorsque la formation fournie par la P.M.O. se fait sur le tas ou en industrie, il peut aussi en résulter une réduction de la vulnérabilité des groupes d'individus qui en bénéficient. Par ailleurs, dans la mesure où la formation procure aux travailleurs et aux entreprises un accroissement de productivité, la P.M.O. peut contribuer à rehausser les revenus insuffisants. Enfin, il faut mentionner ici le programme de reclassement de la main-d'œuvre, particulier au Québec, et qui constitue une dimension additionnelle des efforts de protection de la sécurité économique des individus, en facilitant pour certaines catégories de chômeurs, l'accès aux services de la P.M.O. et de la politique de sécurité du revenu. De plus, ce programme introduit dans la P.M.O. un élément de souplesse non négligeable qui permet d'adapter aux problèmes locaux les services disponibles et même d'inventer dans certains cas des solutions ad hoc mais originales : par exemple, les efforts récents de l'Office de la construction du Québec visant à implanter dans l'industrie de la construction au Québec une politique globale de main-d'œuvre. Ce cas illustre de plus les difficultés de coordination qui peuvent surgir entre le principe général du développement de la sécurité économique et son application à des situations particulières. En effet, dans la mesure où l'on cherchera à assurer une meilleure sécurité aux «vrais travailleurs» de la construction, il appartient à l'État de s'assurer que les exclus ne s'en trouvent pas pénalisés pour autant.

La politique de sécurité du revenu constitue le troisième élément du système existant de sécurité économique. Nous limiterons notre

discussion de cette politique, aux aspects qui concernent notre population, c'est-à-dire les personnes aptes à travailler dans un emploi et
désireuses de le faire. Il s'agit de l'assurance-chômage, de l'aide
sociale (dans ce cas, environ 10% des prestataires) et du salaire
minimum. Nous ne traiterons pas des régimes de retraite, ni du revenu
minimum garanti qui demeure à l'état de projet. Soulignons également
que les allocations familiales accordent à tous les ménages un supplé-
ment de revenu qui n'est pas négligeable surtout lorsque le revenu
d'emploi est insuffisant.

Par l'aide sociale et surtout par l'assurance-chômage, la politique
de sécurité du revenu assure un revenu minimal à ceux qui ne peuvent
occuper, à un moment donné, un emploi pour une raison quelconque.
Par l'établissement d'un salaire minimum, c'est le revenu d'emploi qui
est affecté. C'est de là que proviennent les principaux effets de cette
politique en termes de sécurité économique.

Cependant les mesures de soutien du revenu (aide sociale,
assurance-chômage) peuvent aussi affecter l'employabilité et la vulnérabilité d'une manière indirecte par leurs effets sur l'incitation au
travail et sur la durée du chômage.

Il est reconnu qu'une période de chômage prolongée peut avoir un
effet négatif sur l'employabilité d'un individu pour plusieurs raisons : la
réticence de certaines catégories d'employeurs à embaucher les chômeurs chroniques, l'effet du chômage de longue durée sur les qualifications de l'individu, etc. Selon que les prestations de soutien du
revenu ont un effet incitatif ou désincitatif au travail, elles pourraient
donc indirectement réduire l'employabilité, ou l'accroître, selon le cas.
Cependant, si on considère la recherche d'un emploi comme une
activité productive, ou comme un investissement en information,
l'allongement de la durée du chômage dû au niveau des prestations
peut avoir sur la vulnérabilité future de l'individu, ou sur son niveau

éventuel de revenu d'emploi, un effet positif qui dépasse la réduction possible de l'employabilité. Tel sera le cas si la recherche d'emploi plus longue produit un emploi de meilleure qualité, ou plus satisfaisant, incluant un niveau de salaire plus élevé. Toutefois, il faut noter que les prestataires de l'aide sociale qui sont aptes au travail sont peut-être moins susceptibles de bénéficier de l'effet en principe positif du prolongement de la recherche d'emploi ; ils ont plus de chance d'être des chômeurs chroniques, et les emplois auxquels ils ont accès sont parmi les moins productifs et les moins bien payés. Dans ce cas, comme on l'a déjà fait remarquer, le retour sur le marché du travail comporte le risque d'abandonner une situation de revenu minimal mais au moins assuré en retour d'un emploi sans garantie de permanence [20].

Quant au salaire minimum, bien qu'il ait des effets positifs évidents sur le niveau de revenu des individus à bas salaires, il peut aussi affecter négativement l'employabilité et la vulnérabilité des personnes concernées. Il s'agit là d'une question fort controversée actuellement et qui n'a pas encore fait l'objet de recherches approfondies au Québec ; des travaux sont toutefois en cours. En fait la politique du salaire minimum fait face au double dilemme suivant : le maintenir à un niveau suffisant d'une part, et tel que d'autre part, l'incitation au travail soit maintenue compte tenu du niveau des prestations de l'aide sociale mais sans pour autant que ses effets négatifs sur l'em-

---

[20] LALONDE, Marc, *Document de travail sur la sécurité sociale au Canada*, 1973.

ploi et sur le revenu des groupes visés par la politique soient importants[21].

Bien entendu, les individus, les ménages et les groupes ne s'en remettent pas uniquement à l'État pour assurer leur sécurité économique dans l'emploi. Au contraire, de multiples régimes privés ont été élaborés parfois simples et tout naturels, parfois fort complexes.

Les conventions collectives sont les sources les plus importantes de régimes de sécurité économique au niveau des groupes. Ces régimes cherchent idéalement, du moins du point de vue du travailleur, à assurer une sécurité d'emploi totale, c'est-à-dire une garantie d'emploi jusqu'à l'âge de la retraite. Cependant, cet objectif est rarement atteint, de sorte qu'on trouve dans les conventions collectives une multitude de mesures visant à prévenir les pertes d'emploi, ou à partager l'emploi entre différentes personnes, ou, lorsque la perte d'emploi devient inévitable, à faciliter le réemploi, soit par un droit de rappel, soit par un avis de licenciement plus ou moins long, ou par une assistance financière pendant la période de chômage. Enfin, il ne faut pas négliger les dispositions de conventions collectives favorisant la formation professionnelle ou le recyclage[22], lesquelles peuvent avoir un effet marqué sur la vulnérabilité et l'employabilité.

Comme ces régimes privés de sécurité économique visent d'abord à accorder au travailleur une garantie qu'il conservera son emploi

---

[21] Par exemple, en avril 78, le montant maximum d'allocations sociales (aide sociale et allocation familiale) pour une famille normale de quatre personnes (deux adultes mariés et deux enfants) dont les membres ne travaillent pas s'élève à $6 552. Si l'un des parents travaille quarante heures par semaine durant toute l'année au salaire minimum, qui est de $3.27 l'heure, le revenu total de la famille (salaire du parent au travail et allocations familiales) s'élèvera à $7 569. avant l'impôt. La différence compte tenu des coûts de travail, n'est pas considérable. Mais ce n'est pas tout, même le plus élevé de ces revenus n'aurait pas permis à la famille de vivre au dessus du seuil de pauvreté défini par Statistique Canada pour 1975!

[22] BERNIER, Jean, *La sécurité d'emploi en cas de changement technologique et la convention collective*, Québec, M.T.M.O., 1976, 245 pages.

dans une organisation, leur principal effet en principe, devrait être de réduire la vulnérabilité. Cependant, cette garantie est généralement assortie de conditions relatives à l'ancienneté, de sorte qu'elle est d'une efficacité variable, même parmi les individus qui en bénéficient. D'autre part, il faut noter qu'à cause de leur nature privée et du cadre étroit dans lequel ils se situent, ces régimes peuvent avoir pour effet de réduire l'employabilité des individus non visés. Compte tenu du taux de syndicalisation (34.6% au Québec en 1975), et dans l'optique du marché dualiste du travail, l'effet net pourrait même être négatif sur la sécurité économique pour l'ensemble de la main-d'œuvre. Par ailleurs, sauf dans le secteur public québécois où la sécurité d'emploi est sectorielle, ces régimes conventionnels de sécurité d'emploi sont limités au cadre de l'entreprise ou même à celui plus étroit de l'unité d'accréditation syndicale [23]. Dans ce cadre la seule mesure pratique d'amélioration de l'employabilité réside dans les dispositions relatives à la formation professionnelle. D'autre part les limites de ces régimes sont vite atteintes en ce qui a trait à la réduction de la vulnérabilité, de sorte qu'on a tendance à y ajouter des mesures de soutien du revenu, ou d'aide au réemploi dans l'éventualité où la perte d'emploi ne peut être évitée. Enfin, sans nier l'importance et l'utilité des mesures privées de sécurité économique contenues dans les conventions collectives, il faut reconnaître que les politiques publiques semblent les plus en mesure d'offrir universellement et sans discrimination, un niveau adéquat de sécurité économique.

En ce qui concerne les approches privées non institutionnelles, on peut considérer l'individu et la famille. Pour l'individu, la principale démarche en ce sens consiste dans ce que les économistes qualifient d'accumulation du capital humain sous toutes ses formes :

---

[23] Pour une discussion plus large de cette question, voir, LAFLAMME, Gilles «Changement technologique et sécurité d'emploi», *Relations Industrielles*, Québec, P.U.L., vol. 29, no 1, 1974, pp. 111–126.

éducation, apprentissage, formation en cours d'emploi, santé, mobilité, polyvalence des qualifications, etc. On peut aussi considérer le double emploi comme moyen de pallier l'insuffisance des ressources. Malgré tout ce qu'on a pu écrire sur ces thèmes aucune étude d'envergure couvrant l'ensemble de la main-d'œuvre québécoise n'a encore été faite. Il apparaît toutefois que pour plusieurs individus ces mécanismes sont d'une portée limitée soit parce qu'il leur est difficile d'y accéder ou encore qu'ils ont à affronter toutes sortes de difficultés entre autres, la discrimination dans l'embauche, dans les promotions, et dans les salaires. Pour ne dévoiler que le dessus de cet immense iceberg, mentionnons qu'en 1975 au Canada, à niveau égal d'éducation, trois fois plus de femmes que d'hommes gagnaient moins de $3.00 l'heure; par exemple si une femme avait terminé ses études secondaires, la probabilité qu'elle reçoive un salaire horaire de moins de $3.00 était de 57% contre 17% chez les hommes[24]. De plus, des éléments comme la santé et la formation ne sont pas indépendants de la nature des emplois occupés[25].

Du point de vue de la famille on peut considérer l'emploi du conjoint et des membres autres que le chef de famille, comme un moyen de réduire les difficultés d'employabilité, la vulnérabilité et l'insuffisance des ressources soit temporairement ou à plus long terme. Il semble nettement que lorsque les deux conjoints travaillent sur le marché la probabilité d'être pauvre diminue. Par exemple, au Canada en 1975, au sein des familles dont la majorité du revenu provenait du travail d'un ou plusieurs membres et qui vivaient en deça du seuil de pauvreté, 30% des conjoints seulement étaient en

---

[24] TALBOT, Christine, *Les caractéristiques des petits salariés au Canada*, Ottawa, Ministère de la Santé et du Bien-Être Social du Canada, Ottawa, 1978.
[25] BLUESTONE, Barry, *et al.*, *The Working Poor*; voir également le Québec, l'article de Marie Laurier dans *Le Devoir*, 01-03-1978, «Comment les pauvres deviennent plus pauvres», rapportant une récente étude du Centre de Services Sociaux du Montréal métropolitain.

emploi contre 70% chez les familles non-pauvres. Notons également que l'approche «familiale» comporte des limites évidentes comme l'illustrent le cas des familles monoparentales, le fait que les familles économiquement infériorisées sont d'une taille relativement élevée en moyenne, le fait que les individus à bas salaire tendent à se retrouver dans le même ménage, de sorte que deux faibles salaires peut laisser de toute façon le ménage en deçà du seuil de pauvreté.

Pour terminer, nous aimerions souligner deux déficiences du système actuel qui nous apparaissent comme les plus importantes. Il s'agit d'abord des laissés-pour-compte et en second lieu de la faiblesse du système au niveau préventif et plus particulièrement au niveau de la réduction de la vulnérabilité. En ce qui concerne les laissés-pour-compte, il nous apparaît que ces déficiences découlent en grande partie de l'approche sectorielle à la formulation de la politique de sécurité économique. Une approche globale tenant compte à la fois des problèmes d'employabilité, de vulnérabilité et d'insuffisance des ressources, permettrait, croyons-nous, de mieux identifier les sources d'insécurité économique dans toutes leurs dimensions et toutes leurs manifestations. On aurait alors de meilleures chances d'en arriver à des solutions souples, et bien adaptées à la diversité des problèmes de sécurité économique qui se posent aux individus et aux groupes dans l'ensemble de la population active.

En second lieu, la même approche globale devrait aussi faciliter l'utilisation de mesures de prévention de l'insécurité économique. Il faut admettre que le système actuel est orienté vers la réparation des dégats causés par un régime économique dont le moteur est la recherche du profit privé. Il découle de cette orientation que l'accent des politiques publiques et privées porte surtout sur le soutien du revenu et l'amélioration de l'employabilité. Même dans le cadre de ce régime, il demeure possible de mettre en œuvre des mesures plus audacieuses de réduction de la vulnérabilité. Des exemples récents le montrent : la protection tarifaire temporaire pour permettre aux secteurs «mous» du Québec d'accroître leur productivité ; l'utilisation des prestations d'assurance-chômage pour maintenir des travailleurs dans leur emploi au creux d'une récession ; la nationalisation de certaines entreprises pour empêcher l'exportation des emplois dans la transformation de nos ressources naturelles.

Il n'est pas irréaliste de croire que des efforts systématiques de réflexion et d'imagination permettraient de développer davantage ces formules, et d'en inventer de nouvelles, pour faire face à ce problème éternel et complexe de l'insécurité économique, particulièrement dans ses manifestations les plus lourdes et les plus discriminatoires.

L'impact des clauses de sécurité d'emploi du secteur para-public sur la structure de négociation dans le secteur privé

4

Jean-Louis DUBÉ

Faculté de droit
Université de Sherbrooke
Sherbrooke

Dans une société idéale, l'élaboration de clauses de sécurité d'emploi serait inutile, car cette sécurité serait de l'essence même de la période « active » de la vie de tout citoyen. Mais, nous vivons dans une société réelle, et cette sécurité d'emploi est l'une de nos préoccupations fondamentales. Dans ce qu'il est convenu d'appeler le secteur public, elle est passablement avancée. À cause de multiples facteurs, la situation est différente dans le secteur privé. En effet, les systèmes que l'on y trouve constituent des embryons qui se développent très lentement. Diverses mesures peuvent être suggérées pour améliorer cette situation ; le but de cet exposé est d'en présenter une parmi d'autres. Toutefois, il faut, dès le départ, préciser que le but de ce travail n'est pas de faire une étude élaborée ou le moindrement exhaustive sur le sujet. L'objectif est plus modeste et consiste à poser certaines questions et ouvrir certaines voies de recherches[*]. Après avoir fait une description sommaire des princi-

---

[*] Ce texte a été préparé exclusivement pour une communication à un congrès et n'a donc pas toute la rigueur exigée habituellement d'un article publié dans une revue scientifique.

pales clauses de sécurité d'emploi des secteurs para-public et privé,
on se demandera s'il est possible de faire des transpositions de l'un
à l'autre.

Description et évaluation
des mécanismes de sécurité d'emploi

La détermination conventionnelle de la sécurité d'emploi peut
varier considérablement d'un cas à l'autre. C'est là le résultat inévitable d'un système décentralisé de négociation. Malgré cela, il semble possible d'observer une nette distinction entre les mécanismes
de sécurité d'emploi du secteur para-public et ceux prévalant dans
le secteur privé.

Secteur para-public

Il ne sera question ici que de certaines clauses prévalant dans
les domaines de l'éducation et des affaires sociales. C'est dans le
secteur para-public que l'on trouvera le plus d'homogénéité entre
les différentes conventions. En effet, même si, officiellement, il existe plusieurs négociations distinctes et indépendantes dans ce domaine, nous savons tous par ailleurs que tout est ramené à un seul
et même niveau de prise de décisions: le Gouvernement[1]. Cela explique, bien entendu, cette similitude entre les différents domaines
que l'on regroupe habituellement sous le vocable de secteur para-
public. Il sera donc possible d'élaborer de façon schématique un

---

[1] C'est là le résultat de la *Loi sur les négociations collectives dans les secteurs
de l'éducation, des affaires sociales et des organismes gouvernementaux*. L.Q. 1974,
c. 8. Le rapport Martin-Bouchard accorde beaucoup de vertu à un système centralisé
de négociation.

système théorique de sécurité d'emploi qui, à quelques variantes près, s'applique à l'ensemble de ce secteur.

Description des mécanismes

Ce système théorique contiendra trois éléments principaux soient: l'ordre de mise à pied et de rappel, la relocalisation et la garantie de revenu. La description qui suit est nécessairement très sommaire et ne contiendra pas toutes les distinctions qui seraient normalement à faire entre les diverses conventions collectives du secteur para-public.

L'ordre de mise à pied et de rappel

Il s'agit là d'une mesure élémentaire qui se retrouvera dans la quasi-totalité des conventions collectives [2]. Cette mesure a pour but de déterminer dans quel ordre auront lieu les mises à pied lors d'un licenciement collectif [3]. Elle est basée principalement sur l'ancienneté des salariés, bien que, dans la plupart des cas, ce principe soit

---

[2] *Compilation de certaines dispositions en vigueur dans un ensemble de conventions collectives*, Québec, ministère du Travail et de la Main-d'œuvre, juillet 1977, p. 25. Seulement 6,3% des conventions collectives étudiées (4,6% des salariés concernés) ne comportent pas de clause d'ancienneté.

[3] Exemple:
Entente survenue entre:
La Fédération des commissions scolaires catholiques du Québec pour le compte des commissions scolaires et commissions régionales catholiques du Québec et le ministre de l'Éducation et la F.T.Q. pour le compte des employés de soutien des commissions scolaires et commissions régionales catholiques du Québec qu'elle représente. (1975-1979). Art. 7–3. 101.
Priorité — sécurité d'emploi (résumé).
1 — employés temporaires,
2 — employés à l'essai,
3 — employés réguliers (non permanents) dans l'ordre inverse d'ancienneté,
4 — mise en disponibilité des employés permanents, dans l'ordre inverse d'ancienneté.

mitigé par des exigences particulières relatives à chaque poste[4].

Cet ordre s'appliquera à l'inverse dans le cas d'un rappel d'une partie ou de tous les salariés congédiés. De plus, un préavis sera dans certains cas donné aux personnes concernées par la mise à pied[5]. Ce préavis variera habituellement entre deux semaines et un mois.

Le droit de supplantation pourra venir compléter ce mécanisme, en permettant à un salarié d'en déplacer un autre ayant moins d'ancienneté, soit dans le même établissement, soit dans la même localité, soit même dans une localité différente[6].

La relocalisation

Le système de relocalisation semble particulier au secteur para-public. Il s'agit de donner au salarié mis à pied accès à une sorte de banque d'emploi, afin qu'il puisse éventuellement trouver un autre poste lui convenant. Le fonctionnement de ce genre de clause peut être décrit sommairement ainsi : le salarié qui perd son emploi à cause d'une réduction de personnel, ayant épuisé tous les autres moyens énumérés plus haut, sera inscrit sur une liste dans un bureau de placement régional ou provincial. Il restera inscrit sur cette liste, soit jusqu'à ce qu'il accepte un emploi qu'on lui aura proposé, soit jusqu'à ce qu'il en refuse un sans motif valable. Il y a bien sûr une durée limite à cette inscription ; et cette limite atteinte[7], le salarié verra ses droits et privilèges s'amenuiser[8].

---

[4] *Supra*, note 3, art. 7-3.01, 2e paragraphe.
[5] *Supra*, note 3, 7-3.01, 3e paragraphe.
[6] *Supra*, note 3, art. 7-3.03 a) f) g) h).
[7] *Supra*, note 3, art. 7-3.03, 2.
[8] *Supra*, note 3, mécanisme général, voir art. 7-3.03.

Afin de donner une certaine efficacité à ce système, il est prévu, par ailleurs, qu'un poste vacant devra toujours passer par cette banque d'emploi avant d'être offert à l'extérieur[9]. Il existe aussi d'autres avantages dont le salarié pourra profiter, tels que frais de déménagement, transferts de son statut, de son ancienneté et de la banque de congés de maladie non monnayables[10].

La garantie de revenu

Le salarié bénéficiera pendant sa mise à pied, en plus du service de relocalisation, de certains avantages pécuniaires.

Le premier d'entre eux est l'indemnité de mise à pied qui est une somme équivalente à la différence entre d'une part la rémunération prévue pour l'emploi occupé précédemment par le salarié et d'autre part toute somme qu'il peut recevoir grâce à une forme quelconque d'assurance-chômage. Cette indemnité est indexée aux fluctuations du coût de la vie, mais le salaire servant de base au calcul ne comprendra généralement aucune des primes prévues à la convention collective[11].

Un autre avantage accordé au salarié consistera en la conservation de certains bénéfices marginaux tels que le régime d'assurance-vie, le régime de retraite, l'accumulation de l'ancienneté[12].

Finalement, dans le cas où le salarié quitte définitivement son

---

[9] *Supra*, note 3, art. 7-3.05.
[10] *Supra*, note 3, art. 7-3.04.
7-3.03 (2).
7-3.03 (4).
[11] Convention collective intervenue entre:
Le comité patronal de négociation du secteur des affaires sociales représentant l'AHPQ – et – Le syndicat canadien de la fonction publique (F.T.Q.) (1976–1979). Art. 15.03, 4e paragraphe.
[12] *Supra*, note 11, art. 15.03, 2e paragraphe.

emploi, après l'épuisement des autres possibilités, il recevra une prime de séparation ou indemnité de départ. Cette prime consiste habituellement en un montant d'argent correspondant à un mois de salaire (calculé selon le taux en vigueur lors de la dernière journée effectivement travaillée) par année d'expérience, généralement jusqu'à un maximum de six (6) mois de salaire[13].

Évaluation sommaire

Incontestablement, le salarié du secteur para-public jouit d'avantages considérables en cas de mise à pied. Il semble que ceci est possible grâce à la plus grande capacité de son employeur à répondre à de tels besoins. En caricaturant un peu, certains auraient tendance à affirmer que le salarié du secteur para-public d'une part a affaire à un employeur aux ressources presqu'inépuisables, et d'autre part dispose d'un moyen de pression très efficace, c'est-à-dire l'ensemble ou une partie importante de la population. Dans ces conditions, il apparaît normal, dans notre système de participation conflictuelle, d'obtenir d'excellentes conditions de sécurité d'emploi, meilleures que celles du secteur privé.

Secteur privé

Dans le secteur privé, les conventions collectives étant beaucoup plus nombreuses et beaucoup plus diversifiées, il est impossible, à moins d'une étude très longue et très fouillée, de faire autre chose qu'une simple et rapide énumération des diverses clauses de sécurité d'emploi qui, selon notre perception générale, semblent y exister.

---

[13] *Supra*, note 3, art. 7-3.03 d).

Description des mécanismes

L'ordre de mise à pied et de rappel

Une disposition prévoyant que l'employeur devra suivre l'ordre inverse d'ancienneté, pour effectuer des licenciements collectifs, est très répandue [14]. Elle obligera l'employeur à renvoyer ses salariés les «moins anciens» d'abord, à moins qu'il puisse établir, lorsque la convention collective l'y autorise, que les qualifications requises pour occuper un poste l'obligent à écarter cet ordre. Toujours sous réserve de la même exception, il devra procéder au rappel de ses employés, s'il y a lieu, dans l'ordre inverse de leur mise à pied [15].

Le droit de supplantation

Le droit de supplantation sera présent assez souvent dans les conventions collectives du secteur privé. Cependant, il va de soi que dans presque tous les cas, il ne pourra être exercé qu'à l'intérieur de l'unité de négociation dont fera partie le salarié. Ce droit semble cependant exister dans plus de la moitié des conventions collectives [16].

Le préavis

Le droit au préavis est, lui aussi, assez répandu dans le secteur privé, mais il sera parfois compromis par le caractère imprévisible d'une mise à pied [17]. En l'absence de dispositions de la convention

---

[14] Voir *supra*, note 2.

[15] Voir à titre d'exemple, les articles 5.03 à 5.05 de la convention collective entre Dominion Stores Limited et Union des employés de commerce (Sherbrooke).

[16] *Op. cit. supra*, note 2, p. 37. Ce droit de supplantation est prévu dans 52.4% des conventions collectives.

[17] *Supra*, note 15, art. 5.04 (exemples de cas fortuit, ou force majeure).

collective dégageant l'employeur de son obligation en cas de cause imprévisible, certains arbitres estiment que l'avis est toujours obligatoire [18]. De toute façon, la solution repose très souvent sur des particularités du texte de la convention collective. Même lorsque l'envoi de l'avis est impératif, le défaut de l'employeur n'entraîne pas nécessairement le paiement de dommages-intérêts ; il faut en effet établir une relation de cause à effet entre l'absence ou la tardivité de l'avis et la perte de salaire [19]. Parallèlement à ce préavis, certaines conventions collectives ont prévu que l'employeur accorderait à son salarié qui allait perdre son emploi, le droit d'avoir des temps libres pour s'en chercher un autre : c'est le congé-placement [20]. La valeur de cette disposition est sujette à caution car elle dépendra, en grande partie, des modalités de ce congé-placement (durée, présence de rémunération...).

L'indemnité de fin d'emploi

Cette somme d'argent aura pour effet, en théorie, de rendre la situation du salarié moins pénible, pendant un certain temps. Mais, dans le secteur privé, ce genre de clause est encore très peu usité [21].

---

[18] Voir *inter alia* sur cette question : *Compagnie Jutras Ltée et Syndicat catholique national des employés de métallurgie de Victoriaville Inc.*, (1973) S.A.G. 1182 (Maxime Langlois) ; *Adélard Laberge Ltée et Syndicat des employés de Adélard Laberge (C.S.N.)*, (1974) S.A.G. 658 (Jean Bernier) ; *Collins & Aikman Ltée* v. *Métallurgistes Unis d'Amérique, local 7559*, (1974) S.A.G. 1121 (Guy Dulude) ; *Métallurgistes unis d'Amérique, Local 5207* v. *Cronane Donald Ltd.*, (1971) S.A.G. 1224, (Marc Brière).

[19] *Collins & Aikman Limitée*, v. *Métallurgistes Unis d'Amérique, Local 1559*, *supra*, note 18.

[20] BERNIER, Jean, *La sécurité d'emploi en cas de changements technologiques et la convention collective*, Québec, ministère du Travail et de la Main-d'œuvre, février 1976, p. 22.

[21] *Op. cit. supra*, note 2, p. 235. 15.4% seulement, des conventions collectives le prévoyaient.

Évaluation sommaire

Les avantages offerts au travailleur du secteur privé semblent beaucoup moins considérables que ceux que l'on retrouve dans le secteur para-public. Non seulement les clauses de sécurité d'emploi sont moins répandues dans le secteur privé, mais, qui plus est, elles y comportent beaucoup moins de bénéfices. En fait, dans le secteur privé, il serait peut-être plus juste de parler de clause de droit d'ancienneté en cas de mise à pied que de véritable sécurité d'emploi. En effet, la seule disposition vraiment répandue dans les conventions collectives du domaine privé est celle de l'ordre de mise à pied et de rappel au travail, assortie souvent d'un droit de supplantation. Pour le reste, c'est-à-dire la sécurité de revenu ou l'aide financière à un salarié victime d'un licenciement collectif, les conventions collectives sont presqu'absolument muettes. Quant aux clauses de relocalisation, elles semblent très difficiles à trouver.

Possibilités d'application de la sécurité d'emploi telle que connue dans le secteur para-public au secteur privé

La sécurité d'emploi du secteur para-public étant plus importante et plus avantageuse que celle du secteur privé, il est opportun de se demander comment on pourrait étendre ces avantages au secteur privé.

Dans le cadre actuel de négociation

Les principales raisons de cette différence entre les deux secteurs sont reliées de toute évidence au cadre actuel de la négociation collective. D'une part, en raison de la nature même des services assurés par les entreprises du secteur para-public, la partie syndicale dispose de moyens de pression d'une efficacité remarquable.

D'autre part, les employeurs du secteur privé, de façon générale, pourraient, semble-t-il, difficilement offrir les mêmes conditions de sécurité d'emploi que celles offertes par l'employeur public. À ce sujet, il suffit de mentionner les dimensions beaucoup plus grandes d'une banque d'emploi d'un secteur para-public. À cela vient s'ajouter un autre facteur de différenciation assez important, celui du contexte dans lequel vont souvent s'appliquer ces clauses de sécurité d'emploi. Un licenciement collectif surviendra souvent lors d'une baisse de la rentabilité d'une entreprise, ou tout au moins de la demande des biens ou services produits par cette dernière. L'employeur se trouvera alors généralement dans une situation financière plus ou moins confortable et il serait peut-être inopportun de choisir ce moment précis pour lui demander d'assumer une charge supplémentaire que représenterait, par exemple, une garantie de revenu dans la forme que l'on connaît actuellement dans le secteur para-public. Dans ce dernier, la conjoncture n'est pas la même, compte tenu de la situation de «concurrence» et de la taille de l'unité officieuse de négociation. Celle-ci étant plus grande et regroupant des salariés de plusieurs «employeurs», il sera peut-être plus facile d'absorber dans la masse les difficultés d'un des membres du groupe.

Dans un cadre hypothétique de négociation

La sécurité d'emploi du secteur para-public pourrait se résumer en trois points principaux:

— un ordre de mise à pied et de rappel (avec préavis),

— l'accès à une relocalisation possible dans un autre établissement du même genre,

— une aide financière lors de la mise à pied.

Il a été dit plus haut qu'il serait, jusqu'à un certain point, naïf de considérer la mise en pratique des deux derniers procédés dans le cadre actuel de négociation du secteur privé. Il faut donc chercher une autre structure qui pourrait la faciliter.

À cet effet, il y aurait lieu d'envisager comme hypothèse la négociation multi-patronale [22], c'est-à-dire celle qui se fait non pas à l'échelle d'une entreprise, mais plutôt au niveau d'un secteur d'activité, dans un territoire donné. Les avantages de ce système sont facilement imaginables. En élargissant le cadre de la négociation, il serait possible non seulement d'augmenter le nombre d'emplois disponibles, mais aussi d'établir plus facilement une politique de planification des besoins en main-d'œuvre, politique appuyée par une intervention adroite du ministère du Travail et de la Main-d'œuvre. Les employeurs pourraient plus facilement disposer de ressources financières à consacrer à ce domaine, par la création, par exemple, d'une caisse commune servant uniquement à accorder une aide pécuniaire aux victimes des mises à pied. Cette caisse et cette politique d'intervention pourraient être dirigées et administrées conjointement par employeurs et syndicats. On pourrait même imaginer une certaine collaboration entre différents secteurs territoriaux d'un même genre d'activités.

Il faut cependant ajouter qu'une des conditions de réussite de ce projet réside dans le respect des unités actuelles de négociation où les salariés sont satisfaits de leurs conditions. Enfin, est-il besoin de le dire, tout ceci n'est qu'une vaste hypothèse de recherche qui

---

[22] Pour des renseignements généraux sur la négociation multi-patronale, voir *entre autres: CARDIN, J.R.:* « La négociation collective par secteur et le droit québécois du travail », (1968) 9 *Cahiers de Droit*, 543 ; CINQ-MARS, Normand « Négociation locale et négociation sectorielle », (1970) 25 *Relations Industrielles*, 465 ; SAUVE, R. « La négociation collective sectorielle », (1971) 26 *Relations Industrielles*, 3 ; PÉPIN, M. « Rapport sur les négociations sectorielles », 44e congrès de la C.S.N., 6.12 décembre 1970.

aurait avantage à être précisée par les salariés eux-mêmes, les syndicats et les patrons. Il ne s'agissait ici que d'évoquer une voie de recherche.

Pour ne pas conclure

Il existe sûrement d'autres solutions au problème de la sécurité d'emploi, mais l'avantage de la négociation multi-patronale serait que son application apporterait, peut-être, une solution à d'autres problèmes du monde du travail, comme celui des salariés non syndiqués.

Au terme de cet exposé, il est intéressant de soulever une autre question fondamentale. En accordant au salarié du secteur para-public une bonne sécurité d'emploi, l'État a-t-il agi en tant qu'employeur ou en tant que gardien de l'intérêt public instituant des mesures sociales ? Comme l'État est indivisible, on répondra probablement qu'il s'agit d'un faux problème. Mais en insistant quand même encore, on pourrait affirmer que cet État-employeur ne peut continuer dans cette voie en tolérant que son frère, l'État-législateur, soit aussi négligent dans l'instauration d'une structure de négociation favorisant la sécurité d'emploi, et de politiques de main-d'œuvre efficaces.

Alphonse Lacasse
Gagné, Letarte & Associés
Québec

Le concept de sécurité d'emploi, d'un point de vue juridique, s'entend de l'impossibilité de rescinder un contrat individuel de tra-

vail pour une cause économique. Afin d'ajuster sa capacité de production à la baisse lorsque la demande de biens ou de services
diminue, l'employeur peut, en vertu du droit commun, effectuer des
mises à pied ou licenciements de travailleurs. Les clauses de sécurité d'emploi visent à réglementer, voir même à interdire, ce droit ou
cette possibilité pour un employeur de pouvoir ainsi procéder à de
tels ajustements.

Les régimes de sécurité d'emploi

Dans l'effort entrepris par les syndicats pour réglementer ou
même faire disparaître ce droit de l'employeur, il existe des régimes
de sécurité d'emploi mitigés consistant à garantir aux employés que
les mises à pied seront faites moyennant certains préavis selon certain
ordre. L'ordre en question est déterminé par l'ordre d'ancienneté
acquise au service d'une entreprise, mais il arrive que cet ordre d'ancienneté régisse la concurrence des travailleurs pour les emplois
disponibles, soit comme un seul groupe global soit comme une
multitude de sous-groupes. Ces systèmes de sécurité d'emploi mitigés n'interdisent pas à l'employeur de diminuer la masse totale des
emplois dans son entreprise.

Le secteur public

Les systèmes de sécurité d'emploi du secteur public sont évidemment beaucoup plus avantageux pour les travailleurs et beaucoup plus restrictifs pour l'employeur. La demande pour les services
d'éducation ou les services de santé ne subit pas de brusque variation importante de mois en mois comme cela peut ête le cas pour
certaines productions du secteur privé. Il s'agit ensuite de services
publics produisant un service qui n'est pas soumis aux lois tradition-

nelles du marché. Enfin, les divers établissements sont intégrés dans un réseau complexe et structuré, et sont financés à partir de taxes dépensées sous la surveillance du gouvernement.

À cause de la relative stabilité et continuité du flot de la production de services dans ces établissements publics, les syndicats trouvaient là un argument en faveur de la sécurité d'emploi en disant que la convention ne faisait alors que consacrer dans un texte la réalité vécue qui contenait une sécurité d'emploi de facto. Sur la même base, les employeurs répondaient qu'il n'était pas nécessaire d'inscrire dans la convention collective un droit à une sécurité d'emploi qui, de toute manière dans la réalité vécue, est accordée aux employés. Le résultat fut que les clauses de sécurité d'emploi ont été introduites dans la forme qu'on connaît.

Ce bénéfice a pu être accordé au delà de l'organisation individuelle de chaque entreprise. Cette sécurité d'emploi est fonction de chaque réseau que nous connaissons : fonction publique, éducation et affaires sociales.

Les conditions d'aquisition de la sécurité d'emploi sont à peu près identiques d'un secteur à l'autre :

— *Affaires sociales :* Détenteur d'un poste à temps complet ou à temps partiel ayant 2 ans ou plus d'ancienneté ;

— *Fonction publique :* Employé régulier à temps complet ou à temps partiel pour plus de 20 heures par semaine et qui a acquis la permanence ;

— *Éducation :* Sous réserve des Commissions Scolaires Catholiques ou Protestantes ou CEGEP et du personnel enseignant ou professionnel non enseignant ou de soutien ;

Salarié à temps plein ayant 2 ans de service continu.

Le régime de sécurité d'emploi, dans le secteur de l'éducation, est mis en jeu pour les enseignants ou les professionnels non enseignants lorsqu'il y a surplus de personnel et, dans le cas du personnel de soutien, lors de l'abolition de poste par la Commission Scolaire ou le CEGEP.

Dans le secteur des Affaires Sociales, le mécanisme est mis en œuvre lors de fermeture d'établissement ou de service, de changement d'œuvre ou de diminution du nombre de postes.

Enfin dans la fonction publique, les changements technologiques, administratifs, décentralisations entraînent la mise en application du régime.

Les droits rattachés à la sécurité d'emploi sont à peu près uniformes quant à la conservation d'un lien d'emploi et à la conservation des droits d'un instituteur à temps plein ou d'un employé à temps plein, à la continuité des bénéfices marginaux et au replacement ou relocalisation.

Les employeurs du secteur public sont intégrés dans un réseau fortement structuré à l'intérieur duquel les activités sont pour une bonne part coordonnées. En outre, ce secteur se trouve dans une situation quasi-monopolistique.

Il s'agit de distribuer le plus équitablement possible des services de santé ou d'éducation pour lesquels il n'existe peu ou pas de substitut.

Le secteur privé

Il en est tout autrement dans le secteur privé dont les entreprises doivent essentiellement supporter tant la concurrence interne et externe.

Dans le secteur privé, l'entrepreneur doit vendre des produits ou des services à un consommateur qui n'est pas obligé d'acheter, qui prend sa décision quand il le veut, qui a le choix entre plusieurs substituts et dont le comportement social peut changer très rapidement.

Étant donné que la quantité et la variation des produits consommés par les ménages défient la capacité de prévision des agents économiques, et que devant une imprévisibilité relative, ces agents se trouvent dans une constante incertitude, ces agents se doivent de conserver leur liberté d'action pour pouvoir s'adapter au changement constant. Tant que la consommation des biens et des services provenant du secteur privé sera structurée par la liberté contractuelle du consommateur, il sera absolument impossible d'accorder aux travailleurs du secteur privé une sécurité d'emploi comme celle dont jouissent les employés du secteur public. En effet, la stabilité d'emploi dépend en bonne partie de la stabilité de la demande pour le produit auquel ces emplois sont affectés.

En mai 1975, la Commission Cliche signalait dans son rapport:

« On entre dans la main-d'œuvre de la construction comme dans un moulin; et on en sort avec une facilité encore plus déconcertante. »

Et les commissaires à dire:

« Contrairement aux ouvriers des autres secteurs, ceux de la construction ne bénéficient d'aucune protection et n'accumulent aucune ancienneté. »

Pour palier à ce problème d'insécurité d'emploi, la Commission proposait de mettre sur pied, d'une façon intermédiaire, un régime de préférence d'emploi et, dans une deuxième étape, l'établissement d'un régime de sécurité d'emploi.

Depuis lors, un décret a été promulgué et aucune de ces deux étapes n'a été franchie.

Le secteur privé ne connaît pas un régime de sécurité d'emploi aussi coercitif pour l'employeur et aussi avantageux pour le travailleur.

Conclusion

Comme la question avait été posée lors du sommet économique de mai 1976, pendant combien de temps les agents économiques du secteur privé, travailleurs et employeurs, se permettront-ils de payer un tel régime aux salariés du secteur public.

En effet, si on considère ce bénéfice d'emploi en outre du salaire et des bénéfices marginaux, la disparité entre ces deux secteurs va s'accroissant. Cette évolution, indépendamment de l'économie ouverte, nécessitera au préalable un changement d'attitude ou de climat.

PEUT-ON ÊTRE CONTRE LA SÉCURITÉ D'EMPLOI?

5

Léopold LAROUCHE

Laplante, Gauvin, Pouliot, Guérard & Associés Inc.
Montréal

et

Serge LAPLANTE

Laplante, Gauvin, Pouliot, Guérard & Associés Inc.
Montréal

La question thème du présent congrès cette année, se lit: La sécurité d'emploi, laquelle et à quel prix? Question à la fois fort pertinente et assez révélatrice d'un état d'esprit, de plus en plus répandu, à l'effet qu'on ne commence à se poser des questions sur la sécurité d'emploi qu'après avoir pensé, a priori ou presque, que celle-ci est souhaitable.

Au moment de préparer ce texte, il y a débrayage dans deux Cegeps, au Québec, pour protester contre le licenciement de professeurs. La sécurité d'emploi était d'ailleurs, dans le secteur de l'éducation, une des trois grandes priorités syndicales lors de la dernière ronde de négociations. Cette priorité a été satisfaite dans une large mesure dans une clause qui pourrait difficilement, en toute vraisemblance, avoir son équivalent dans le secteur privé.

Les conventions collectives dans les secteurs de l'acier se sont récemment réglées autour du thème de la sécurité d'emploi totale pour les travailleurs comptant plus de vingt ans d'ancienneté.

Le rapport Saulnier sur l'organisation des forces policières recommande des changements d'organisation importants. La Commission de police serait abolie et remplacée par un organisme à vocation différente. Aucun employé de la Commission de police ne devrait cependant perdre son poste à cette occasion. On pourrait mieux comprendre cette recommandation si elle était documentée ou si elle faisait suite à un diagnostic établissant que le personnel de la Commission de police répondra aux besoins de la nouvelle vocation de l'organisme provincial. Il n'en est rien; le groupe de travail sur les fonctions policières n'a pas jugé nécessaire de motiver cette protection de l'emploi des employés de la Commission de police et dans un tel contexte, on peut résumer que ses auteurs ont pensé qu'une telle approche allait de soi.

Même phénomène en ce qui concerne les forces policières elles-mêmes où les policiers jugés non qualifiés pour la fonction dans un contexte organisationnel nouveau devraient se voir garantir un emploi au moins équivalent au sein de la fonction publique.

On pourrait ainsi multiplier les exemples tendant à démontrer que, surtout dans le secteur public mais aussi dans quelques secteurs industriels privés où il est possible de le faire, quoique de façon plus conservatrice, on adopte de plus en plus le point de vue que la sécurité d'emploi est un droit, que ce droit n'est limité essentiellement que par l'impossibilité de toujours le faire respecter et qu'avec patience, on parviendra à en répandre le respect dans l'ensemble du marché du travail « organisé ».

Les préoccupations et efforts en vue d'assurer aux travailleurs une meilleure sécurité d'emploi ne datent pas d'aujourd'hui. Une observation superficielle du phénomène donne l'impression que, comme pour le progrès technologique, la tendance vers une sécurité d'emploi plus englobante et plus ferme constitue une tendance séculaire dans l'histoire économique occidentale, tendance irréversible et souhaitable d'ailleurs.

D'une société en voie d'industrialisation où l'embauche se faisait chaque matin aux portes de l'usine, vers une société où éventuellement, une progression de carrière serait garantie à l'obtention d'un quelconque certificat de compétence ou d'un premier emploi, il semble que le chemin soit tracé. On peut vouloir ralentir ou accélérer le rythme ou différer d'opinion sur les voies à suivre pour arriver à la conclusion de cette évolution mais l'on ne saurait finalement éviter celle-ci.

Dans une telle perspective, l'on voit d'ailleurs rarement s'articuler l'opinion qu'une sécurité d'emploi plus grande, même si elle est réalisable, ne serait pas nécessairement le signe indicateur d'une société meilleure. S'exprimer contre la sécurité d'emploi serait généralement considéré comme s'élever contre le progrès.

Plusieurs auteurs ont traité des conséquences négatives des licenciements pour les individus en cause. Entre autres, Jean Sexton, dans son étude sur certaines fermetures d'usines et le reclassement de la main-d'œuvre touchée[1], attire l'attention sur le choc traumatisant et sur les effets néfastes pour le moral des travailleurs qui résultent d'un avis de licenciement. Pierrette Sartin fait état de désordres physiologiques résultant de licenciements. Les divers dossiers touchant l'impact négatif sur la vie personnelle des gens

---

[1] SEXTON, J., *Fermetures d'usines et reclassement de la main-d'œuvre au Québec*, Québec, Éditeur officiel, 1975, 295 pages.

touchés par un licenciement et victimes du chômage créent aisé-
ment l'impression que le fait de mettre en doute le bien fondé de
toute mesure visant à accroître la sécurité d'emploi d'un groupe de
travailleurs équivaut à s'opposer aux travailleurs et à être indifférent
à la pauvreté, à la maladie physique et mentale et aux diverses
conséquences néfastes du chômage. S'exprimer contre la sécurité
d'emploi serait généralement considéré comme s'opposer aux travailleurs.

Comment peut-on être contre la sécurité d'emploi? Comment
peut-on estimer qu'une clause de sécurité d'emploi dans une convention collective, qu'une intervention gouvernementale empêchant
des licenciements par voie de réglementation ou autrement, peuvent
être économiquement et socialement critiquables?

Il en est pourtant qui prétendent s'opposer à la sécurité d'emploi et à son amélioration. Ceux-ci invoquent le plus souvent leurs
convictions à l'effet que les employés qui bénéficient de sécurité
d'emploi perdent intérêt au travail, deviennent moins productifs et
l'exemple qu'on veut tenir lieu de preuve est celui de la fonction
publique. L'on peut présumer qu'à la base de ce point de vue se
retrouverait la conviction que la peur de perdre son emploi constitue
un facteur fondamental de motivation.

Si la sécurité d'emploi est sujet d'actualité, elle n'a pas souvent
fait l'objet de débats très approfondis. On ne peut qualifier de débat
une situation où des personnes croient tenir des positions oppo-
sées, sans jamais véritablement se contredire.

Ce qu'on attaque généralement lorsqu'on attaque la sécurité
d'emploi dans la fonction publique, c'est l'existence présumée d'une
grande tolérance à l'inefficacité. Il nous semble douteux, en tout état
de cause, que le fait d'être assuré de ne pas perdre son emploi pour

manque de travail s'oppose à ce que l'employé soit motivé, même si l'on adopte la notion la plus étroite de la motivation; soit celle qui provient de la crainte de perdre son emploi. Un tel raisonnement équivaut à faire l'hypothèse qu'un travailleur ne fait aucune différence entre la perte d'un emploi parce qu'il n'y a pas de travail pour lui et un congédiement parce qu'il n'a pas démontré la compétence ou l'effort suffisant pour le conserver.

Les partisans d'une sécurité d'emploi toujours plus grande n'invoquent typiquement pas la protection du travailleur contre un congédiement justifié. Ils s'attachent davantage à la question des fermetures d'usines, réductions du volume d'affaires, sous-traitance et changements technologiques. Le recours d'un individu contre un congédiement qu'il juge non fondé participe davantage du concept de justice organisationnelle et d'administration de la discipline que de celui de sécurité d'emploi.

Dans les conventions collectives, là où vous trouvez une clause portant expressément sur la sécurité d'emploi, une distinction évidente est faite qui sépare ce concept de la protection contre un congédiement de nature disciplinaire.

La distinction entre les diverses causes de renvoi n'est pas toujours tranchée et varie selon les contextes. Mais, force nous est faite de constater que la notion de sécurité d'emploi est profondément hétérogène, qu'elle varie selon les personnes et chez la même personne selon les contextes.

Si nous voulons qu'il y ait possibilité de débat, il est nécessaire de spécifier de quelle sécurité d'emploi il est question, quitte à en restreindre la portée.

La sécurité d'emploi dont il sera question sera celle qui traite de la protection des travailleurs contre des licenciements ou contre des mises à pied temporaires.

Un licenciement sera défini, conformément au *Dictionnaire canadien des relations du travail*, comme un :

> « Acte par lequel un employeur met fin de façon permanente au contrat de travail individuel avec l'un ou l'ensemble des membres de son personnel pour des motifs d'ordre interne ou liés à la vie économique. »[2]

Nous ne traiterons pas de la protection contre des congédiements pour cause, quoique ceux-ci soient pertinents à une notion globale de sécurité d'emploi.

Tout argument s'opposant à la sécurité d'emploi sur la base que celle-ci enlève une crainte, que certains croient salutaire et d'autres aliénante, de perdre son emploi si le comportement n'est pas conforme aux exigences, est donc sans objet pour la sécurité d'emploi telle que nous l'avons définie de façon plus restrictive.

Les mises à pied temporaires diffèrent des licenciements essentiellement par leur caractère de non-permanence et par la conservation possible d'une continuité du lien avec l'entreprise en raison du maintien des droits et privilèges reliés à l'état d'employé (droit de rappel au travail, maintien de l'ancienneté, appartenance au régime de retraite, privilège de vacances, etc.). Nous les inclurons dans le concept de sécurité d'emploi que nous allons utiliser, bien que certains auteurs feront ici davantage référence à une stabilité d'emploi.

---

2 DION, G., *Dictionnaire canadien des relations du travail*, Québec, P.U.L., 1976, p. 211.

Il est important de souligner ici encore que la sécurité d'emploi sur laquelle nous nous interrogerons est reliée au concept de protection.

En cela, elle se distingue des définitions qui reposent sur une perception des employés. Selon cette dernière approche, le terme sécurité d'emploi prend l'aspect d'un état d'esprit propre à l'employé qui ressent une tranquilité due au fait qu'il ne perçoit aucune menace de perte d'emploi (voir la définition du Robert's Dictionary of Industrial Relations).

Elle se distingue aussi d'une notion de sécurité d'emploi qui repose sur l'absence réelle et objective de menace de perte d'emploi (voir la définition de Herzberg dans *Work and the Nature of Man*). Cette approche se fonde sur des considérations objectives qui incluent l'ensemble des facteurs y compris la stabilité inhérente aux opérations qui ont un effet sur la probabilité de perte d'emploi.

Notre préoccupation sera surtout axée sur une sécurité d'emploi de type institutionnel, définie d'abord par les dispositions statutaires ou contractuelles qui protègent l'employé contre une perte d'emploi qu aurait vraisemblablement eu lieu, n'eut été de celles-ci.

Cette protection peut avoir diverses origines. Elle peut être issue d'une convention collective, d'une réglementation gouvernementale ou d'une politique de soutien financier aux entreprises en difficulté qui devraient, autrement, se départir d'une partie ou de l'ensemble de leur main-d'œuvre.

Ces sources de protection ne sont pas exhaustives surtout si le terme protection prend un sens plus large de façon à inclure les pratiques ou politiques volontaires de l'employeur ou la protection qui provient du fait que l'employeur ne peut se permettre de mettre un employé à pied, parce qu'il risque de perdre, de façon permanente, une ressource difficilement remplaçable et dont il aura besoin dans un avenir plus ou moins rapproché. La rareté d'une spécialisation constitue en effet une incitation forte à la thésaurisation de main-d'œuvre, même temporairement improductive.

Nous restreignons volontairement les origines de cette protection à celles qui font ou peuvent faire l'objet de décisions politiques et/ou de clauses de conventions collectives.

Notons tout de même que le champ qui demeure pertinent après ces précisions et éliminations est vaste. Nous entendons livrer quelques commentaires qui, à partir de la question de départ, permettront, nous l'espérons, de provoquer quelques réflexions sur l'opportunité de favoriser sans distinction une tendance à une sécurité d'emploi toujours plus grande.

Nous nous proposons maintenant d'évaluer les implications de cette notion de la sécurité d'emploi en fonction de quelques critères afin de voir s'il est possible de croire à une balance négative des avantages et inconvénients.

Nous analyserons d'abord la sécurité d'emploi par rapport à son efficacité comme composante d'une enveloppe de conditions d'emploi offertes au travailleur, dans une optique de comparaison coût/avantage.

Nous traiterons par la suite de l'effet escompté de la sécurité d'emploi sur le processus d'allocation de ressources. Enfin, nous nous risquerons à parler d'équité puisque nous présumons que là réside, chez plusieurs, le meilleur «cas» en faveur de la sécurité d'emploi.

La sécurité d'emploi et
l'enveloppe de conditions de travail

Un article de D. Morley dans le *Canadian Business Review* et traitant de la rémunération dans le secteur public fédéral, s'attachait à comparer les rémunérations globales des cadres. Cet article soulevait alors l'hypothèse que la sécurité d'emploi devrait être incluse dans l'enveloppe de rémunération globale au même titre que les régimes de rentes et d'assurances. Si l'on fait abstraction des problèmes de mesure de sa valeur, il est, ma foi, tout à fait possible de considérer la sécurité d'emploi comme un élément de la rémunération ou, alternativement, comme un déterminant de son niveau.

Il semble bien, en effet, que la sécurité « vaut quelque chose ». Si, comme le fait R.D. Helsby[3], on voit la sécurité d'emploi comme un élément de rémunération qui a pour résultat d'accroître le niveau de rémunération globale, on constate qu'il existera une relation d'arbitrage entre celle-ci et les autres éléments de la rémunération qui les rendront plus ou moins interchangeables à l'intérieur d'une enveloppe globale pré-déterminée.

Cette enveloppe globale déterminera les niveaux relatifs de rémunération mais, à l'intérieur d'une telle enveloppe, diverses formes de rémunération pourront apparaître. La sécurité d'emploi peut être considérée comme une de celle-ci.

Dans le domaine de l'administration de la rémunération, il est un domaine d'analyse, relativement récent, qui traite de la comparaison systématique coût/avantage de diverses formes de rémunération. En effet, divers facteurs, l'impôt n'étant ni le moindre ni le seul,

---

[3] HELSBY, R.D., « Job Security in Public Employment » Adler, J. et Doherby, R.E. (ed.) *Employment Security in the Public Sector*. Ithaca, Institute of Public Employment, N.Y.S.S.I.L.R., Cornell University, 1974, 41 pages.

font qu'il y existe une marge entre le coût encouru par l'employeur et l'avantage, exprimée en termes monétaires, dont bénéficie l'employé. Le rapport coût/avantage diffère sensiblement selon les formes de rémunération.

Ce rapport coût/avantage doit être considéré lorsque les détails du contenu de l'enveloppe de rémunération sont arrêtés. On peut en effet supposer qu'une enveloppe «efficace» de rémunération est celle qui maximise la satisfaction de l'employé à un coût invariable.

Cet énoncé n'empêche ni l'employé d'en exiger davantage, ni l'employeur de souhaiter réduire ses coûts. En ce sens, il est certain que pour l'employé, une meilleure protection contre les licenciements est un avantage et pour l'employeur, de moindres contraintes permettant une réduction des coûts de main-d'œuvre serait souhaitée.

Cependant, si nous voulons évaluer la sécurité d'emploi en fonction de son efficacité à satisfaire l'employé, elle ne doit pas être vue comme s'ajoutant à une enveloppe de rémunération pré-déterminée mais comme faisait partie de celle-ci, aux dépens d'autres formes de rémunération.

Il n'y aurait que peu de contenu utile à un énoncé qui voudrait justifier la sécurité d'emploi par l'affirmation qu'il est préférable au travailleur d'en bénéficier. La question pertinente est plutôt de savoir ce qu'il est prêt à sacrifier en termes d'autres formes de rémunération, pour en bénéficier.

À un coût de rémunération donné, la sécurité d'emploi totale est probablement parmi les plus inefficaces des avantages consentis à l'employé, au point de vue rapport coût/avantage.

Lorsque le risque économique à l'entreprise est minime ou inexistant, la protection contractuelle ou statutaire ne coûte à l'employeur que peu de choses. Elle n'ajoute que peu d'avantages à l'employé qui œuvre dans ce contexte, puisqu'il ne gagne une protection que contre un risque minime ou nul. Le coût est bas, l'avantage est minime.

Pour bien comprendre l'inefficacité de la sécurité d'emploi comme composante de la rémunération, il faut au contraire prendre un cas où le risque de licenciement existerait réellement si ce n'était de la protection contractuelle ou statutaire offerte. Dans un tel cas, un travailleur qui aurait été licencié conserve, à cause des dispositions empêchant l'employeur de recourir à cette mesure, son emploi. Le coût à l'employeur est la somme du salaire, des avantages sociaux et des dépenses inhérentes au maintien de ce que l'on peut nommer une structure d'accueil pour l'employé (administration, espace, chauffage, etc.).

Ce coût est diminué de la production nette effectuée par l'employé. Cette production, commercialisable ou non, est bien sûr celle qui n'aurait pas eu lieu si l'employé avait été licencié. Nous nous devons de supposer que celle-ci serait déficitaire. Elle pourrait être nulle ou même, dans certaines circonstances, négative. Si une compagnie de construction n'a pas de contrats en nombre suffisant, si un chantier maritime n'a besoin que d'un nombre déterminé de travailleurs pour rencontrer les commandes qu'il a en main, si une commission scolaire a un nombre d'élèves limité à desservir, les travailleurs additionnels que l'employeur se verrait forcé de conserver à son emploi devraient être affectés à des tâches dont l'utilité pourrait être purement symbolique.

L'avantage consenti à l'employé, exprimé en termes monétaires, pourrait être évalué par la perte que ce dernier aurait encourue s'il avait été licencié. Cette perte dépend de plusieurs facteurs dont la durée du chômage. À cette perte financière provenant d'un manque à gagner s'ajoutera typiquement la perte reliée à la privation de droits ou privilèges qui sont, par nature, reliés au service passé dans l'entreprise et dont le travailleur ne bénéficiera, typiquement, que lorsqu'il aura accumulé une durée de service équivalente dans un nouvel emploi. On pense ici, par exemple, à la perte reliée au fait constaté que la majorité des régimes de vacances proportionnent la durée des vacances aux années de services accumulées. Dans certains cas, il y aura aussi une perte, qui peut être importante, associée à la cessation de participation à un régime de retraite.

Dans la plupart des cas, cette perte pourra être limitée. L'employé licencié se trouvera un autre emploi productif et y touchera une rémunération proportionnée à la nature des services qu'il y rendra. Il se peut que cette rémunération soit plus basse et, dans un tel cas, la perte sera plus durable. Nous reviendrons sur ce point dans une section subséquente. Il se peut également que cette rémunération soit, en termes de perspectives de carrière, plus intéressante que celle à laquelle il aurait pu s'attendre s'il avait conservé son emploi précédent. S'il existe une quelconque ressemblance entre le monde du travail et la théorie économique, on s'attendra à ce que l'emploi subséquent, sauf dans des cas particuliers, offre des avantages à peu près comparables à ceux qui étaient offerts dans l'emploi précédent, à l'exception des privilèges reliés de façon coutumière à la durée du service passé.

Un enseignant québécois qui, en l'absence de clause de sécurité d'emploi, aurait été licencié, peut maintenant conserver son emploi de façon quasi improductive pendant deux ans. La durée moyenne du chômage en juillet 1977 au Québec était de 14.4 semaines. Il faudrait une perte énorme à l'employé pendant ce 14.4 semaines pour compenser le coût à l'employeur de conserver cet enseignant à son emploi, sans avoir de besoin correspondant.

Nous pensons à la situation de Canadair, il y a quelques années, où, en deux ans, la main-d'œuvre est passée de 8 000 à 2 000 employés, niveau qu'elle a conservé pendant quelques années par la suite. Confrontons, d'après n'importe quel ensemble d'hypothèses plausibles, le coût qu'il lui aurait fallu encourir pour maintenir une main-d'œuvre de 8 000 employés, pendant cette période, par rapport à la perte monétaire subie par les quelques 6 000 employés licenciés. La différence entre ce coût et le montant total de la perte encourue par les employés qui ne l'auraient pas été s'ils avaient conservé leur emploi m'apparaît disproportionnée.

Autrement exprimé, il apparaît probable, faute de données permettant de quantifier exactement le phénomène, que le montant qui serait nécessaire pour indemniser un employé de la perte financière qu'il subit suite à un licenciement sera, en général, moins élevé que le montant qui serait nécessaire pour le maintenir dans son emploi aux mêmes conditions. Or, pour l'employé, au strict point de vue monétaire, les deux options sont équivalentes.

Cette différence de coût devrait, si nous partons d'une perspective de choix entre formes de rémunération à un coût variable, être récupérée à même d'autres aspects de la rémunération, par exemple, par un salaire moindre. À coût égal à l'employeur, le sacrifice consenti par l'employé, en termes de salaires, pour être assuré contractuellement de son emploi jusqu'à l'âge de la retraite, compte tenu d'un ensemble donné de probabilités de licenciement, excéderait dans la plupart des cas, en toute logique, la perte financière probable résultant du risque d'un licenciement.

Il nous apparaît ici nécessaire de rappeler que la situation décrite plus haut peut souffrir des exceptions. D'une manière générale, le rapport coût/avantage de la sécurité d'emploi devient plus favorable lorsque le chômage est élevé, provoquant un accroissement de la durée moyenne d'attente. Il devient aussi plus favorable si une occupation alternative à l'employé qui aurait été licencié peut être trouvée et qui, quoique non rentable, permet d'absorber une proportion du coût encouru pour conserver un emploi à ce travailleur.

À l'extrême limite, la sécurité d'emploi peut devenir un élément de rémunération très efficace sous le rapport coût/avantage si une entreprise, dont les opérations sont légèrement déficitaires, licenciait autrement son personnel, dans une localité isolée où aucun autre emploi n'est et ne sera, dans un avenir prévisible, disponible, et que les coûts de relocalisation des employés à d'autres emplois sont très élevés à cause, entre autres, d'une perte associée à la liquidation des propriétés devenues sans valeur.

La perte associée à un licenciement pourra aussi varier considérablement d'un individu à un autre, en fonction d'un grand nombre de facteurs reliés à l'individu licencié lui-même. Ainsi, par exemple, on s'attendra à ce que la perte encourue par l'employé à la suite d'un licenciement soit directement proportionnelle à son ancienneté et à son âge.

En effet, les travailleurs ayant plus d'ancienneté, éprouvent en général plus de difficultés à se trouver un autre emploi, étant en général plus âgés, et la perte associée à la durée du chômage sera plus élevée. De même, il perdra davantage en termes de privilèges de vacances et de valeur présente de la rente créditée.

On peut supposer que les contraintes à l'employeur issues de la nécessité d'appliquer les règles d'ancienneté comportent un certain coût. Il nous apparaît cependant raisonnable de penser que le calcul du rapport coût/avantage d'une clause d'ancienneté qui aura pour résultat de mettre les travailleurs plus anciens relativement à l'abri d'un licenciement, a d'excellentes chances de produire un rapport coût/avantage favorable.

Il est possible que les clauses d'adaptation aux changements technologiques et de sous-traitance présentent une situation intermédiaire en termes de rapport coût/avantage.

Selon les cas, et sujet à un effort éventuel de quantification, un rapport coût/avantage défavorable peut se révéler être une contre-indication importante à l'adoption d'une clause de sécurité d'emploi, et ceci, aussi au sein d'organismes publics ou para-publics.

Allocation de ressources

Quand un enseignant n'est plus requis parce qu'il n'y a pas suffisamment d'étudiants pour justifier son appartenance au monde de l'enseignement, l'on se trouve en face d'un problème d'allocation de ressources. Cet enseignant est une ressource qui n'est pas affectée à un travail économiquement ou socialement utile si elle est maintenue artificiellement à son poste. La société a beaucoup investi pour développer chez lui des capacités qui lui permettent de jouer un rôle utile. Il apparaît comme un non-sens économique de maintenir cette ressource dans une situation où elle est improductive. Une clause de sécurité d'emploi qui aurait pour résultat d'empêcher que les ressources humaines soient ré-affectées à d'autres rôles productifs une fois leur utilité dans un travail donné disparue, constitue une rigidité artificielle dans le processus d'allocation des ressources aux fins les plus productives et utiles.

Si un travailleur conserve un emploi par le biais d'une clause de sécurité d'emploi, par législation ou par suite d'une subvention gouvernementale à une entreprise dont les produits ne sont pas évalués par les consommateurs à un niveau qui justifie les ressources que l'on doit y consacrer, celui-ci n'est pas disponible pour un autre emploi. Chaque fois que nous maintenons dans un rôle improductif un travailleur, nous privons la société d'un service qui pourrait lui être rendu.

L'existence d'un niveau de chômage important n'infirme pas cette proposition. La sécurité d'emploi institutionnelle ne réduit pas le chômage, elle le déguise.

Au retour d'une tournée de conférences en Tchécoslovaquie, un de nos professeurs d'économie racontait qu'un économiste tchèque, suite aux comparaisons effectuées sur les niveaux de productivité des économies occidentales et de celles des pays de l'est, observait que la différence principale pouvait être attribuée au fait que dans ces derniers, les chômeurs étaient dans les usines.

Quand un chômeur est dans une usine, un bureau, une institution d'enseignement, et qu'ailleurs se crée un poste que celui-ci pourrait combler de façon utile, nous gaspillons des ressources. Si ce chômeur était le meilleur candidat pour le poste et qu'un autre, moins qualifié, l'obtient, nous allouons collectivement mal nos ressources.

Une société comme la nôtre peut, peut-être, se permettre un certain gaspillage. Mais une fois le principe admis, où arrête-t-on? Le Québec peut bien se payer quelques tricofils et les justifier sur la base d'un calcul de ce que ça coûterait en assurance-chômage et autres prestations. Mais où arrêter?

Un Québec qui subventionnerait les entreprises vouées à la disparition pour assurer aux travailleurs une sécurité d'emploi hypothéquerait les chances d'implantation fructueuse de nouvelles entreprises. Les ressources seraient déjà immobilisées ailleurs. Qu'il reste des travailleurs disponibles ne change rien à ce fait. Si vous avez besoin d'un professeur d'expérience pour faire la promotion de matériel didactique, vous pouvez toujours vous contenter d'un gradué récent. Mais le fait demeure que cette promotion sera moins efficace et que cette efficacité moindre proviendra d'une rareté relative mais créée artificiellement.

Chaque fois qu'un professeur de techniques administratives conservera un poste sans qu'on en ait besoin, le Québec se privera d'un entrepreneur en puissance ou d'un administrateur compétent. Il faudrait en effet à ce dernier un zèle admirable pour prendre les risques inhérents à des activités d'affaires lorsque, chômeur, il conserve un emploi rémunérateur bien qu'improductif.

On pourrait soutenir, avec raison d'ailleurs, que les ressources humaines seront mieux allouées, dans une période où les emplois sont rares, à une activité commerciale déficitaire ou à une activité publique non-prioritaire qu'à une inactivité forcée.

Ce point de vue, qui peut s'articuler autour d'une comparaison des coûts encourus pour maintenir une activité non-rentable en soi, économiquement ou socialement, et des coûts problables qui résulteraient d'une cessation de cette activité, en termes d'assurance-chômage et autres prestations, est connu, et pourra se révéler bien fondé dans un nombre important de cas.

Le problème qui demeure est celui de savoir si des mesures visant à ce que des ressources puissent continuer d'être utilisées même de façon déficitaire dans le sens économique ou social du terme, n'ont pas pour corollaire d'en empêcher la ré-allocation éventuelle à des fins plus productives. Si la réponse à une telle question était affirmative, un jugement difficile devrait être posé quant à l'opportunité de privilégier un objectif d'efficacité à moyen terme ou de pleine utilisation à court terme.

Au seul point de vue de l'efficacité dans l'allocation des ressources, c'est la réponse à cette question, qui relève à la fois de considérations normatives et objectives, ces dernières variant en fonction des contextes et situations, qui déterminera la réponse quant au degré de protection dont les travailleurs devraient bénéficier contre un éventuel licenciement.

Considérations d'équité sociale

Puisqu'il y a changement et nécessité de re-déployer les ressources, pourquoi faut-il que ce soit le travailleur qui ait à en subir les contrecoups? Pourquoi le travailleur ne pourrait-il acquérir un droit à son emploi, assimilable à une certaine forme de propriété?

Il apparaît difficile de justifier la protection institutionnelle d'emplois sur des bases d'équité. Le concept sous-jacent à ce type d'argumentation en est un qui repose sur une notion de droits acquis.

Cette notion, à la limite, équivaudrait à considérer comme équitable qu'un employé ait droit au meilleur ensemble de conditions de travail auquel il aurait eu accès à un moment précis de sa carrière.

À partir du moment où existe, dans une société, un certain niveau de chômage, il semble difficile de justifier la protection institutionnelle contre la perte d'un emploi, surtout si cette protection provient ou est subventionnée à même les fonds publics, sur une base d'équité.

En effet, si l'on considère qu'un travailleur est lésé lorsqu'il est licencié, pourquoi un travailleur n'est-il pas lésé lorsqu'il n'a pas d'emploi ?

Si la société dans son ensemble veut consacrer un montant pré-déterminé à la protection des travailleurs contre le chômage, il semble difficile de justifier sur une base d'équité que certains d'entre eux conservent pleins droits et privilèges, alors que d'autres n'en ont aucun.

L'aspect parfois invoqué qui veut que l'investissement fait par un travailleur pendant une certaine période de temps donne naissance à un droit de continuer de recevoir des avantages équivalents, n'apparaît pas très convaincant ; ou alors, a fortiori, il faudra garantir à tout jeune gradué d'une quelconque formation académique, un travail à sa convenance, droit qu'il a acquis par l'investissement qu'il a réalisé. Son investissement à lui en était vraiment un, puisqu'il n'était pas rémunéré pour accéder à cette formation.

Si l'on suppose maintenant que le même jeune, plutôt que d'aller travailler, plutôt que d'accéder à une formation, investit les mêmes énergies à se développer un commerce, pourquoi n'aurait-il pas, lui qui a investi non dans un travail, non dans sa formation, mais dans une entreprise, de droits acquis à un revenu équivalent à ceux de sa meilleure année ? Si son commerce flanche parce que les goûts des consommateurs ont évolué, doit-il, lui, se retrouver devant rien ?

Il n'y a aucun principe évident d'équité qui justifie une différence de protection contre ces divers risques.

Il est fort possible qu'un employé licencié ne puisse trouver un emploi aussi rémunérateur que celui qu'il détenait. Mais, en vertu de quel raisonnement l'emploi précédent doit-il servir de norme de ce qui est équitable pour ce travailleur?

Certains secteurs industriels paient, pour des occupations identiques, des salaires très différents. Un journalier dans l'industrie pétrochimique touche plus que son collègue de l'industrie du meuble. Il est à se demander en vertu de quel principe d'équité on trouverait injustifiable que notre travailleur du pétrole se voit assurer à vie, par réglementation, d'un poste à un salaire comparativement privilégié, parce qu'il a eu l'opportunité, une fois, d'accéder à un tel poste.

Jusqu'à quel point la société se doit-elle de protéger et de maintenir des privilèges acquis?

Les mises à pied temporaires

Jusqu'ici, toutes les références au concept de sécurité d'emploi se limitaient à la protection contre les licenciements ou pertes permanentes d'emploi.

Le cas des fluctuations saisonnières ou cycliques du volume de travail qui occasionnent des mises à pied temporaires est différent. Au niveau du calcul coût/avantage, la durée limitée de la mise à pied modifie considérablement l'évaluation du coût associé au maintien de l'emploi. De même, le fait que la mise à pied n'enlève généralement pas de privilèges en termes de vacances additionnelles ou de rentes, contribue à diminuer l'évaluation de la perte encourue par le travailleur et, par conséquent, à réduire l'avantage pour celui-ci d'être protégé contre une telle éventualité. On peut supposer cependant que le rapport coût/avantage d'une clause de protection contre les mises à pied sera, et de façon significative, plus favorable qu'une clause protégeant contre les licenciements permanents.

Au point de vue allocation de ressources également, une partie significative des objections à une protection de l'emploi disparaît, l'allocation sub-optimale étant limitée. Les mises à pied prévisibles et périodiques, comme les mises à pied saisonnières, représentent un cas spécial.

Ces dernières reviennent de façon régulière. Elles sont prévisibles et pour l'employé et pour l'employeur. Le fait qu'elles soient prévisibles soulève un autre ordre d'interrogations que l'on pourrait amorcer à partir d'une analyse des similitudes ou différences qui peuvent exister entre un travail saisonnier et un travail à temps partiel.

Il apparaît difficile, en effet, de faire une distinction utile entre un travail qui occupe un employé 40 heures par semaine pendant 26 semaines et un travail qui occupe un employé pendant 52 semaines à raison de 20 heures par semaine. Selon la même logique, pourquoi un travailleur qui ferait 2 000 heures de travail rémunéré pendant 10 mois, année après année, et qui serait mis à pied pendant les deux autres mois serait-il considéré comme souffrant davantage d'insécurité ou d'instabilité d'emploi que celui dont le travail est réparti sur douze mois ?

On pourrait résumer les différences entre les deux concepts à une simple question de répartition temporelle d'un volume de travail donné. Il y a bien une autre différence qui réside dans le fait que les chômeurs saisonniers sont éligibles aux prestations d'assurance-chômage alors que les employés à temps partiel ne le sont pas. La différence n'en est pas une de concept. Elle se limite à la constatation que l'assurance-chômage subventionne les entreprises et/ou les employés qui ne sont actifs que pendant une partie de l'année et non ceux qui ne le sont que pendant une partie de la semaine. Les tout récents programmes de travail partagé, reconnus par l'administration de l'assurance-chômage, constituent en quelque sorte une tendance à éliminer cette différence, les prestations d'assurance pouvant être versées pour la période de temps non travaillée par rapport à la période normale de travail régulier de chaque semaine par exemple.

Il n'y a pas de problème de sécurité ou de stabilité d'emploi dans le fait qu'un poste est à temps partiel, que ce soit pour une partie d'année, de semaine ou de jour. Il y a, par contre, problème de sous-emploi si un travailleur n'a pas d'alternative à un travail à temps partiel.

Aborder le problème des mises à pied périodiques et prévisibles comme étant un problème de sécurité d'emploi apparaît fausser le problème dès le départ.

Vers quoi doit tendre le marché du travail?

Cette remarque sur la prévisibilité du revenu et de l'emploi nous permet de déboucher sur un des attraits importants de la notion de sécurité d'emploi. Cette prévisibilité du revenu, que procure la sécurité d'emploi, plus que sa stabilité dans le temps, est le problème qui devrait retenir davantage notre attention. Seule, une relative confiance en une prévision de revenu peut permettre au travailleur une planification financière individuelle adéquate. Le taux d'épargne qui lui est nécessaire, ou d'endettement qui lui est permis, sera déterminé en fonction de cette prévision, et l'avantage, pour un individu, de connaître à l'avance ses futures capacités financières lui permettra un meilleur étalement de la satisfaction de ses divers besoins.

Les modèles micro-économiques de concurrence parfaite éli-

minent par hypothèse une partie essentielle du problème de la satisfaction des besoins, en assumant une information et une mobilité
des ressources parfaites.

Il apparaît que le besoin grandissant de sécurité d'emploi et
l'acceptation graduellement élargie de la nécessité de telles protec-
tions proviennent, en partie du moins, d'une perception, probablement fondée, que les travailleurs font généralement face à un futur
financier imprévisible, et que l'adaptation à d'éventuelles conditions différentes leur sera rendue difficile par le fait qu'eux-mêmes,
en tant que ressources, sont imparfaitement mobiles.

La façon la plus évidente de s'assurer de l'avenir, pour un individu ou un groupe, est de le rendre plus rigide, à son avantage. C'est
une des thèses principales de J.K. Galbraith *The New Industrial
State* que les entreprises, pour des raisons similaires, tentent de
contrôler la demande, plutôt que de s'y adapter. La recherche de
garanties d'emploi origine en partie d'une logique semblable. Le
résultat d'un tel processus peut n'être optimal, ni pour l'individu ou
le groupe, ni à plus forte raison, à long terme, pour la société. Avant
d'aller plus loin dans cette direction, serait-il possible d'explorer
d'autres moyens que ceux qui visent à rendre le marché du travail
toujours plus rigide aux fins de le rendre plus prévisible?

Les fermetures d'établissement au Québec: nécrologie optimiste ou optimisme nécrologique?

6

Jean SEXTON

Département des relations industrielles
Université Laval
Québec

Wayagamack, Dupuis et Frères, autant de cas spectaculaires de fermetures d'établissement dont la plupart ont entendu parler et qui laissent un goût amer à beaucoup de spectateurs impuissants. On a pu y voir de façon presqu'exemplaire la complexité du problème de la fermeture d'établissement et la signification profonde de ce que voulait réellement dire pour plusieurs l'expression «licenciement collectif».

Dans le cadre d'une discussion sur la sécurité d'emploi, le phénomène des fermetures d'établissement et des licenciements qui en découlent représente un cas extrême qui appelle même en certaines circonstances un vocabulaire nécrologique. En effet, dans la mesure où l'on peut distinguer différentes sortes de sécurité d'emploi, la

* Je tiens à remercier mes collègues Rodrigue Blouin, Gérard Dion et Jacques Mercier pour leurs commentaires et suggestions très pertinents sur la première version de ce texte. Je demeure évidemment seul responsable de ce texte.

fermeture d'établissement nous force à déborder le niveau de l'entreprise et le niveau de la sécurité dans un emploi pour aboutir au niveau du marché du travail et de la notion de la sécurité dans l'emploi[1].

En fait, lorsqu'on examine le phénomène de la sécurité d'emploi, nous pouvons souvent avoir le réflexe de penser aux mesures de protection qui existent au niveau de l'entreprise surtout par la convention collective. De telles mesures visent plus souvent qu'autrement à assurer la sécurité dans un emploi donné pour un employeur donné, sauf pour certaines conventions du secteur parapublic québécois. Il faut alors se rendre compte que, dans le secteur privé particulièrement, les meilleures mesures de protection dans un emploi donné pour un employeur donné que fournit la convention collective ne valent que dans la mesure où l'entreprise continue d'exister[2]. Or, voici justement une des sources du problème. À l'occasion d'une fermeture d'établissement, souvent l'entreprise cesse d'exister: la grande question est alors la suivante: la convention collective disparaît-elle nécessairement de même que les mesures de protection dans l'emploi qu'elle pouvait prévoir? À cette occasion, on assiste à des licenciements collectifs et la notion même de sécurité d'emploi change profondément.

Il s'agit alors de trouver une solution au problème de perte d'emploi des salariés victimes de licenciements collectifs. Pour la

---

[1] Sur cette distinction, voir par exemple SEXTON, J., «La sécurité d'emploi» dans *L'État et la transformation des relations industrielles au Québec*, 6ᵉ Colloque des relations industrielles, Université de Montréal, 1975, pp. 47–52.

[2] Sur ce point, voir LAFLAMME, G., «Changement technologique et sécurité d'emploi», *Relations industrielles*, vol. 29, n° 1, P.U.L., Québec, 1974, pp. 111–125; THIBAUDEAU, A., «Les limites du négociable et le débordement des conflits», *La politisation des relations du travail*, 28ᵉ Congrès des relations industrielles, Québec, P.U.L. 1973, pp. 99–116.

grande majorité de ces salariés, la solution, la plus souvent recherchée est le réemploi[3]. Dans un tel contexte, parler de sécurité d'emploi signifie maintenant sécurité dans l'emploi, i.e. un autre emploi idéalement au moins équivalent à celui perdu et ce, encore idéalement, le plus rapidement possible. Cette notion élargie de sécurité dans l'emploi a traditionnellement été rattachée à l'objectif, peut-être aujourd'hui mythique, de plein emploi ou de l'emploi maximum, objectif officiellement recherché par la plupart des pays membres de l'O.C.D.E. et dont la définition pratique varie énormément selon les contextes économiques et politiques.

Il faut alors comprendre que toute discussion sur la notion de sécurité d'emploi dans les cas de fermetures d'établissement doit se rattacher en grande partie aux questions plus larges de main-d'œuvre, de politique des services de main-d'œuvre.

L'objectif de cette communication est de présenter et d'examiner de façon critique et constructive l'instrument privilégié au Québec de la sécurité dans l'emploi en cas de licenciements collectifs à l'occasion de fermetures d'établissement: le programme québécois de reclassement de la main-d'œuvre ou, comme son appellation courante l'étiquette, l'article 45 du Bill 49. Le temps et l'espace ne nous permettront malheureusement pas d'examiner l'expérience du gouvernement fédéral en la matière.

Après avoir examiné brièvement le phénomène des fermetures d'établissement et quelques-unes de ses conséquences, je présenterai le programme québécois de reclassement et une certaine évaluation de ses principales composantes. Ensuite, il faudra faire un

---

[3] HABER, W., FERMAN, L.A., et HUDSON, J.R., *The Impact of Technological Change*, Kalamazoo, W.E. Upjohn Institute for Employment Research, Sept. 1963, 62 pages; SEXTON, J., *Fermetures d'usines et reclassement de la main-d'œuvre au Québec*, Québec, Éditeur Officiel, 1975, 295 pages.

examen rapide des améliorations à ce programme déjà proposées par les parties syndicale et patronale, pour enfin proposer certaines balises qui pourraient servir à redéfinir le programme de reclassement et surtout sa stratégie.

Les limites d'un tel exercice sont évidemment nombreuses. D'abord, le phénomène même des fermetures d'établissement est à ce point vaste et complexe et soulève tant d'émotivité qu'il serait imprudent et osé de prétendre en couvrir tous les aspects. Ensuite, la connaissance des causes exactes d'une fermeture d'établissement tenant plus de l'enquête policière que de la recherche, comme nous sommes habitués de la faire, obstrue sérieusement la compréhension que nous pouvons avoir de ce phénomène. Ensuite, vu la nature du sujet, l'expérience des comités d'adaptation de la main-d'œuvre ne sera pas examinée comme telle. En plus, comme nous l'expliquerons plus tard, les données tant factuelles qu'évaluatives sur le programme québécois de reclassement étant partielles, il devient difficile de suivre ce programme de façon complète et réaliste. Il s'agira donc de compléter les informations officielles, de résultats de recherches empiriques sur le sujet et d'expérience, surtout celle des autres... Il y aura donc beaucoup de déjà dit.

L'aspect nécrologique des fermetures d'établissement

Dans notre système économique, il faut se rappeler que les règles du jeu sont telles que les entreprises ou les organisations naissent, vivent et meurent. Ce processus essentiellement dynamique nous force à examiner le phénomène des fermetures d'établissement dans un contexte nécessairement évolutif où le changement est inscrit dans la dynamique même du système. Cependant, de tels changements ne sont pas seulement négatifs. Ils peuvent être positifs et ce tant sur le plan individuel que collectif. Il faut donc, dès le départ, éviter d'adopter une approche statique et il faut inscrire ou tenter d'inscrire toute l'analyse de fermeture d'établissement dans un contexte dynamique, évolutif et changeant.

Qu'entend-on par fermeture d'usine ou fermeture d'établissement? *Le Dictionnaire canadien des relations du travail* nous offre la définition suivante:

> «Cessation totale, temporaire ou permanente du travail et de la production dans un établissement industriel ou commercial dont les causes peuvent en être multiples...»[4]

Le cadre d'étude adopté ici, à savoir la sécurité dans l'emploi, l'optique main-d'œuvre que nous avons privilégiée et la signification usuelle que nous pouvons avoir du concept de «fermetures d'établissement», nous amènent, pour les fins du présent travail à ne considérer comme fermeture d'établissement que la cessation permanente du travail et de la production dans un établissement industriel, commercial ou de services ou dans une partie d'un tel établissement.

Alors que la fermeture temporaire peut appeler des mises à pied, partant des rappels, la fermeture permanente implique licenciements collectifs, i.e. un acte par lequel un employeur met fin de façon permanente aux contrats de travail individuels d'une partie ou de l'ensemble de son personnel. C'est cette notion de rupture définitive du contrat de travail à l'initiative de l'employeur qui représente un des problèmes les plus sérieux de marché du travail auquel l'effort de main-d'œuvre doit faire face. Il peut être d'intérêt de signaler qu'à défaut de dispositions législatives ou conventionnelles donnant certaines modalités à respecter en cas de rupture de la relation de

---

4 DION, G., *Dictionnaire canadien des relations du travail*, Québec, P.U.L. 1976, p. 163.

travail, l'employeur peut mettre fin au contrat en tout temps s'il a juste cause. À l'exception des cas de force majeure (Act of God), il est généralement admis que la fermeture d'une entreprise n'est pas une juste cause de rupture, en ce sens que l'employeur doit respecter les règles gouvernant la cessation du contrat ou selon que le contrat soit à durée déterminée ou indéterminée, l'employeur doit attendre l'arrivée du terme; s'il ne le fait pas, il doit payer des dommages-intérêts correspondant à la durée du contrat qui reste à courir. Dans le cas du contrat à durée indéterminée, l'employeur doit donner un avis de rupture d'une certaine durée. Le défaut de respecter cet avis entraîne obligation de payer des dommages-intérêts correspondant à la durée de l'avis à donner.

De plus, la notion courante et usuelle de fermeture d'usine implique la notion de permanence. Cela ne veut pas dire que les cas de fermetures temporaires d'usine soient sans problèmes. Au contraire, mais j'ai choisi de m'attarder surtout sur ces cas de licenciements reconnus les plus sérieux [5]. Finalement, je crois qu'il faudra se rappeler la distinction que nous conservons ici entre fermeture partielle et fermeture totale d'usine ou d'établissement.

Les fermetures d'usine, telles que définies ont-elles des conséquences désastreuses et pour qui? La réponse peut varier selon le groupe visé: ainsi, il faut distinguer au moins, quant à l'impact d'une fermeture d'établissement, entre les salariés, l'employeur et la communauté. Examinons brièvement chacun de ces groupes.

Quant aux salariés, les nombreux résultats de recherche [6] et

5 WILCOCK, R.C., et FRANKE,W.H., *Unwanted Workers*, Glencoe, Free Press of Glencoe, 1963, p. 21.

6 Pour une bibliographie sur ce sujet, voir SEXTON, J., *Fermetures..., op. cit.*, pp. 217-240.

l'expérience fournissent une réponse claire : oui, une fermeture d'usine a très souvent des conséquences désastreuses pour les salariés impliqués et cette observation semble d'autant plus vraie que les emplois sont rares, que les salariés impliqués sont plus âgés, ont plus d'ancienneté, etc. Ainsi, même en période économique favorable, le réemploi pur et simple d'un salarié victime d'un licenciement ne veut pas dire que le problème est entièrement résolu, au contraire. En effet, dans la mesure où ce salarié a beaucoup d'ancienneté dans l'établissement concerné, la perte de certains avantages acquis au cours des années et même de certains droits de propriété dans l'emploi appelle comme solution véritable à son problème un autre emploi dont la qualité est au moins équivalente à celle de l'emploi perdu, sinon les conséquences du licenciement sont négatives.

En période de conjoncture économique défavorable, la rareté relative des emplois rend la solution encore plus difficile. Non seulement s'agit-il alors de trouver un nouvel emploi au moins équivalent à celui perdu mais aussi tout simplement un nouvel emploi. De telles conséquences désastreuses sur les salariés victimes de licenciement à l'occasion de fermetures d'établissement ont été observées tant au Québec qu'à l'étranger sur les plans psychologique, émotionnel, physiologique, social, familial et économique. En résumé, une fermeture d'établissement représente très souvent pour les salariés impliqués une expérience très négative dont plusieurs ne se relèveront jamais. Dans un tel contexte, il n'est pas à se surprendre que, passé une certaine période, parfois très longue, d'acceptation du fait de la fermeture et une certaine adaptation à cette nouvelle situation, la préoccupation majeure observée chez les salariés victimes de licenciement demeure de se trouver un nouvel emploi.

Quant aux employeurs, il faut admettre dès le départ que l'impact d'une fermeture d'établissement pour ce groupe n'a pas fait l'objet, du moins à ma connaissance, de recherches empiriques poussées. Cependant, nous pouvons dire à ce titre d'hypothèse seulement, évidemment sujet à vérification, que l'impact d'une fermeture sur les employeurs peut dépendre entre autres *a priori*, de la forme de propriété, de la raison de la fermeture et de la situation économique générale. Ainsi, ce que ces seules distinctions peuvent évoquer comme éventail de possibilités différentes quant à l'impact d'une fermeture pour les employeurs nous force à émettre l'hypothèse que les fermetures d'établissement n'ont pas toujours des conséquences désastreuses pour les employeurs et on a même observé le contraire dans certains cas.

Quant à l'impact d'une fermeture d'établissement sur une communauté donnée, certaines données existent, mais on ne peut pas dire qu'elles abondent. De façon générale, il semble d'abord admis que l'impact négatif d'une fermeture est d'autant plus grand qu'on a affaire à une ville fermée (companytown) ou à un marché de travail localisé et hermétique. De plus, l'étude du cas de Apex Shoe complétée par Guertin, Guilloteau et Roy [7] suggère que l'impact économique d'une fermeture peut varier selon la longueur de la période étudiée après la fermeture et selon la grandeur du territoire considéré. Ainsi, utilisant une approche d'analyse coût-bénéfice, il est possible de déduire de cette étude que les impacts à court terme, à moyen terme et à long terme d'une fermeture, peuvent être différents et que «dans le cas d'entreprises de taille importante, il est nécessaire de mesurer l'impact sur l'ensemble de la province, alors que pour les petites et moyennes entreprises, il suffit d'analyser l'impact sur la région et sur la ville où l'entreprise est localisée».

---

[7] GUERTIN, J.A., GUILLOTEAU, J.F., et ROY, P.M., *Analyse coûts-bénéfices de fermetures d'entreprises*, Québec, Éditeur Officiel, mars 1977, 164 pages.

L'impact véritable d'une fermeture d'établissement sur une communauté peut donc être difficile à établir clairement. Cependant, l'approche utilisée par Guertin, Guilloteau et Roy est intéressante et invite à plus de recherches dans cette voie de l'analyse coût-bénéfice, et peut-être à quantifier l'inquantifiable car

> « Dans l'optique de la théorie économique, les principales catégories de coûts reliés à une fermeture sont imputables à des imperfections de marché, alors que les principales catégories de bénéfices sont imputables à la meilleure réaffectation des ressources qui peut résulter de la fermeture. »[8]

Suite à ce bref tour d'horizon, il semble clair que les salariés ne sont pas les moins affectés par une fermeture d'établissement. Dans le contexte de la sécurité d'emploi, il semble généralement admis que les salariés subissent souvent des conséquences désastreuses à l'occasion d'une fermeture d'établissement. Dans un tel contexte, la F.T.Q. avait donc grandement raison d'intituler un de ses documents de base de son 15e congrès « Contre la fatalité des fermetures d'usines »[9], un des rares documents syndicaux sur le sujet.

Nous avons signalé quelques-uns des impacts d'une fermeture d'établissement. Resterait maintenant normalement, avant d'aller plus loin, à examiner la réalité québécoise des fermetures et d'établir les principales caractéristiques de ce phénomène au Québec. Cependant, malgré la présence d'un programme et d'un service de reclassement à l'intérieur du ministère du Travail et de la Main-d'œuvre du Québec (MTMO), les données disponibles sur le phénomène des fermetures d'établissement au Québec sont très partielles et doivent être utilisées avec une prudence extrême de telle sorte qu'il est impossible de dire que nous connaissons bien la réalité des

---

[8] *Ibid.*, p. 123.
[9] F.T.Q., *Contre la fatalité des fermetures d'usines*, 15e Congrès, F.T.Q., 14 novembre 1977, 11 pages.

fermetures d'établissement au Québec. En effet, on ignore, surtout avant avril 1977, la proportion des fermetures connues par le MTMO, ce dernier ne possédant une information que sur les fermetures dont il a connaissance d'une manière ou d'une autre. De plus, les données publiées par le MTMO dans ses rapports annuels ou disponibles au MTMO ne sont pas colligées ni publiées sur une base identique entre 1969 et 1978, de sorte qu'elles peuvent difficilement être comparées ou simplement additionnées. En plus, dans le cadre de l'organisation régionale des MTMO dans le domaine de la main-d'œuvre, il semble qu'avant septembre 1977, les termes couramment utilisés dans le domaine du reclassement de la main-d'œuvre au Québec avaient des définitions différentes, lorsqu'ils en avaient, d'une région à l'autre. Finalement, nous notons une absence de données détaillées pour les années 1973-74 et 74-75.

Même si nous devons déplorer ce manque de données, manque de données qui semble vouloir se corriger depuis avril 1977, il nous faut quand même tenter d'établir l'importance relative des fermetures d'établissement au Québec. Une seule chose est certaine : il y a eu des fermetures d'usines au Québec. Cette affirmation n'apprend rien de nouveau à personne, mais c'est la seule qui puisse être prouvée pour le moment. Pour le reste, il semble, à l'étude des données incomplètes disponibles, que les cas de licenciements collectifs consécutifs à des fermetures d'établissement touchent de façon inégale et changeante dans le temps les secteurs primaire, secondaire et tertiaire. Il semble en effet que, depuis 1969, la proportion de cas de licenciement collectif ait baissé dans les secteurs primaire et secondaire, et ait augmenté dans le secteur des services [10],

---

[10] Pour les 9 premiers mois de l'année fiscale 1977, les données semblent plus valides et indiquent que 6.9% des cas de licenciements collectifs au Québec se sont produits dans le secteur primaire, 70% dans le secondaire et 27.2% dans le tertiaire.

ce qui constitue en soi un phénomène normal comte tenu de l'évolution de la distribution générale de la main-d'œuvre par secteur. En d'autres mots, les licenciements collectifs ne touchent plus seulement les cols bleus. Même si cela semble évident, il ne faut pas oublier que telle observation est d'autant plus importante que les cols blancs peuvent avoir des comportements sur le marché du travail qui diffèrent de ceux des cols bleus[11]. Partant, la stratégie de reclassement devra en tenir compte.

Quant au nombre de salariés touchés dans chacun des secteurs, la proportion la plus forte semble encore se trouver dans le secteur manufacturier. Cependant, une proportion croissante de salariés des services semble être touchée par les licenciements collectifs, quoique cette proportion de salariés touchés semble croître à un rythme plus lent que le nombre de cas de licenciements dans ce secteur. Ceci semble laisser supposer qu'en moyenne, pour chaque cas de licenciement, le nombre de salariés impliqués serait plus petit dans le secteur tertiaire que dans le secondaire. Étant donné que l'expérience de reclassement au Québec a surtout été faite dans le secteur manufacturier avec des cols bleus, la vérification empirique de cette nouvelle tendance pourrait exiger une révision dans la stratégie de reclassement.

Dans la mesure où ces tendances déduites pour les licenciements collectifs au Québec valent pour le phénomène des fermetures d'établissement, comme il semble être le cas, il est relativement facile de déduire un certain nombre de problèmes particuliers de marché de travail, problèmes que, tant les différentes recherches que l'expérience pure et simple ont tendance à confirmer : présence

---

[11] À ce sujet, voir par exemple FOLTMAN, F.F., *White and Blue Collar in a Mill Shutdown*, Ithaca, N.Y.S.S.I.L.R., Cornell University, 1968, Paperback n° 6, 132 pages.

de goulots d'étranglement sur le marché de travail, comportements souvent non favorables de recherche d'emploi, difficulté de réemploi, etc. Au-delà de ces problèmes humains qui en découlent, certains cas de fermetures d'établissement ont été, dans le passé et sont encore sérieusement embarrassants pour l'homme politique.

Tout programme de main-d'œuvre étant créé dans un temps particulier pour régler un problème particulier, le Québec s'est doté dans les années '60 d'un programme de reclassement visant à solutionner ou du moins à amenuiser les problèmes de marché de travail rencontrés par les salariés victimes de licenciements collectifs, incluant évidemment ces salariés victimes de fermetures d'établissement.

Le reclassement de la main-d'œuvre: une solution aux problèmes de main-d'œuvre suscités par les fermetures d'établissement?

D'abord « inspiré » par une série de licenciements collectifs « spectaculaires » dans le secteur minier québécois et suite à une expérience de reclassement dans la région de Thetford Mines, le gouvernement québécois établissait en 1965 à l'intérieur de son ministère du Travail un service de reclassement de la main-d'œuvre administrant un programme volontaire de reclassement des salariés victimes de licenciements collectifs.

C'est en 1969, suite à une volonté politique du ministre du Travail et de la Main-d'œuvre d'alors, volonté politique fortement influencée par les spectaculaires licenciements collectifs de la George T. Davie et les projets du gouvernement fédéral en la matière, que fut rapidement composé un article législatif (art. 45) créant un programme obligatoire de reclassement de la main-d'œuvre, article qui fut camouflé dans le chapitre V (intitulé Généralités) de la Loi sur la formation et la qualification professionnelles de la main-d'œuvre (loi 51) adoptée le 13 juin 1969. Cependant, cet article ne devait entrer en vigueur que le 2 août 1969 et ses détails d'application furent explicités par l'arrêté en conseil N° 717 adopté le 24 février 1970, entrant en vigueur le 7 mars 1970 et intitulé « Règlement général relatif à l'avis de licenciement collectif ».

Je n'ai pas l'intention de présenter ce programme en détail ici. Ce serait beaucoup trop long et d'ailleurs ce programme a déjà été présenté ailleurs [12]. Je me contenterai d'en présenter brièvement les principales composantes et de situer la réglementation 717 par rapport à l'article 45 de la loi.

Présentation de l'approche québécoise de reclassement

Dans le but de contrer les conséquences désastreuses des licenciements collectifs pour les salariés, le programme québécois de reclassement possède trois composantes principales : le préavis obligatoire de licenciement (art. 45a), le comité de reclassement (art. 45b) et un fonds de reclassement (art. 45c).

L'article 45a) oblige tout employeur, à quelques exceptions près, qui, pour des raisons d'ordre économique ou technologique, prévoit devoir faire un licenciement collectif, d'en donner avis au

[12] À ce sujet, voir SEXTON, J., *Blue Collar Workers Displaced by Complete and Permanent Plant Shutdowns, the Quebec Experience*, Collection Relations du travail, n° 5, Département des relations industrielles, Université Laval, 1975, pp. 86-138. LAPLANTE, S., *Displaced Workers: A Study of Reclassification Activities in Quebec*, Doctoral Dissertation, Graduate School of Business Administration, Harvard University, 1973, pp. 4-1 — 4-25 ; Travail Québec, *L'adaptation de la main-d'œuvre aux changements technologiques et économiques*, Québec, M.T.M.O., novembre 1975, 46 pages.

ministre du Travail et de la Main-d'œuvre du Québec, sauf en cas de force majeure, dans un délai minimum dont la longueur est fonction uniquement du nombre de licenciements envisagés [13]. C'est là l'essentiel de ce que la loi dit au sujet du préavis de licenciement collectif. La définition des termes, le champ des modalités d'application de cet avis sont définis dans l'A.C. 717, ce qui a posé un problème juridique dont nous reparlerons plus loin.

L'article 45b) de la loi 51 oblige tout employeur et en consultation avec le ministre du Travail et de la Main-d'œuvre de participer sans délai à la constitution et au financement d'un comité conjoint et paritaire de reclassement des salariés, comité dont la responsabilité de la constitution et de la bonne marche a été confiée à la Direction générale de la main-d'œuvre (D.G.M.) du Québec par l'article 8 de l'A.C. 717. Encore là, la mécanique du comité de reclassement ayant déjà été présentée ailleurs [14], je ne m'y attarderai donc pas ici.

La dernière composante du programme québécois de reclassement est beaucoup plus théorique que pratique. En effet, l'article 45c) prévoit la formation possible et volontaire d'un fonds paritaire et collectif de reclassement et d'indemnisation des salaires. Ce fonds, petit cousin du «Redundancy Fund» anglais, n'a, à toutes fins pratiques, pas fonctionné jusqu'à maintenant sauf peut-être en partie dans le secteur des mines.

À partir de l'étude de ces composantes de l'article 45 et à partir de la pratique courante, il est possible de caractériser schématiquement l'approche québécoise du reclassement de la façon suivante:

---

[13] 2 mois lorsque le nombre de licenciements envisagés est entre 10 et 99; 3 mois lorsque le nombre de licenciements envisagés est entre 100 et 299; 4 mois lorsque le nombre de licenciements envisagés est de 300 et plus.

[14] Voir note 12.

— Ni la loi, ni le règlement 717 ne fournissent d'objectifs pour le programme de reclassement.

— Ce programme ne vise que les licenciements collectifs et les définit arbitrairement comme étant égaux ou supérieurs à dix licenciements individuels à l'intérieur d'une période de deux mois consécutifs. L'effet d'une telle approche est de délaisser tout le problème des licenciements individuels et d'oublier finalement que les problèmes soulevés par un licenciement collectif sont, en grande partie, égaux à la somme de problèmes soulevés par les licenciements individuels.

— Le programme québécois de reclassement est basé, pour son bon fonctionnement, sur l'hypothèse que l'employeur a une certaine responsabilité sociale à remplir et qu'il va la remplir. Cette hypothèse n'a pas toujours été vérifiée.

— Reflétant l'approche générale du bill 49, le programme de reclassement est également basé sur l'hypothèse que les parties aux relations du travail vont accepter de participer de façon active et efficace au reclassement des salariés victimes de licenciements collectifs. Encore là, cette hypothèse n'a pas toujours été vérifiée.

—Ce programme privilégie une approche « ad hoc » et nie, par le fait même, une approche plus permanente au reclassement de la main-d'œuvre.

— Le programme de reclassement québécois ne reconnaît aucunement ni établit le droit à l'information des salariés licenciés ou à être licenciés et ne reconnaît nullement que les salariés impliqués sont souvent, en pratique, eux-mêmes leur propre agent de reclassement. L'approche québécoise de reclassement repose, à toutes fins pratiques, sur l'initiative des pouvoirs publics et sur la bonne foi des parties.

— De plus, malgré certaines expériences de consultations préventives (et qu'il nous est impossible d'aborder ici), l'approche québécoise laisse intouché le privilège de résiliation unilatérale du contrat de travail par l'employeur, la législature n'ayant pas cru nécessaire d'instaurer des normes relatives à la décision et aux modalités du licenciement.

— Finalement, notons que l'approche québécoise du reclassement définit non pas le reclassement comme un programme de main-d'œuvre en soi, mais plutôt comme un outil de coordination entre les différents programmes de main-d'œuvre réguliers et qui pourraient être utiles aux salariés licenciés. Une telle approche est basée sur l'hypothèse que les salariés licenciés n'ont pas besoin d'un traitement spécial et que les programmes réguliers de main-d'œuvre peuvent s'adapter à leurs besoins. Telle hypothèse n'est cependant pas vérifiée par l'expérience.

En résumé, l'approche québécoise en matière de reclassement est basée sur l'initiative gouvernementale, sur la responsabilité sociale de l'employeur libre de toutes ses décisions, et sur la bonne foi des parties. Ces trois bases du programme de reclassement doivent être conservées en mémoire, si l'on veut bien comprendre les différentes évaluations faites à date de ce programme.

Examen du programme québécois de reclassement

Que vaut le programme québécois de reclassement? Pour répondre de façon stricte et systématique à cette question, et alors procéder à une véritable évaluation de ce programme, il faudrait tout au moins que le programme ait un objectif officiel. Or, il n'en a pas. C'est donc dire que le jugement de valeur qu'on pose par une évaluation peut varier selon l'objectif que l'on donne au programme.

Cependant, vu que la solution reconnue la plus courante au licenciement est le réemploi, alors c'est par rapport à ce phénomène que nous pouvons juger le programme québécois de reclassement. Dans un tel cadre, et contrairement à ce que certains croient, il existe assez d'études, de travaux et de données, pour répondre de façon assez exacte à cette question. Cette réponse est basée sur deux composantes : un examen fonctionnel du programme et un examen de statut juridique du programme.

Un examen fonctionnel du programme

L'examen fonctionnel du programme québécois de reclassement doit distinguer de façon systématique entre les deux principales composantes du programme à savoir le préavis et les comités de reclassement.

Au sujet préavis de licenciement que l'employeur est tenu d'adresser selon l'article 45a) du Bill 49, différentes sources d'information spécifique sont disponibles et nous permettent de porter un certain jugement sur cette composante essentielle du programme de reclassement. L'étude de Laplante [15], les travaux de Mercier [16], de Rondeau [17], de Beaugrand-Champagne [18] et les miens [19] constituent

---

[15] LAPLANTE, S., *op. cit.*

[16] MERCIER, J., *La procédure de préavis de licenciement et l'article 45 a) du chapitre 51 des lois de 1969 du Québec*, Thèse de maîtrise, Département des relations industrielles, Université Laval, 1975, 214 pages et annexes.

[17] RONDEAU, C., *Rapport final d'une enquête sur le reclassement des travailleurs mis à pied dans une entreprise de l'industrie de l'aéronautique remis au Comité de reclassement des employés de la Société Canadair, Ltée*, Montréal, M.T.M.O., 1973.

[18] BEAUGRAND-CHAMPAGNE, P., *Analyse des mécanismes existant dans la solution des problèmes de relations du travail*, Annexe 3, Rapport du Comité d'étude sur la main-d'œuvre hospitalière, Québec, Éditeur Officiel, 1973.

[19] SEXTON, J., *op. cit.* ; SEXTON, J. et MERCIER, J., « Préavis de licenciement collectif, l'expérience québécoise », *Relations industrielles*, vol. 31, n° 2, pp. 175-208.

autant de sources d'information, les réactions syndicales et les renseignements obtenus autant de la part des administrateurs du programme que des observateurs en sont une autre. De ces différentes sources d'information, nous pouvons dégager les quelques résultats suivants :

— De plus en plus d'employeurs fournissent un préavis de licenciements au ministre du Travail et de la Main-d'œuvre. Cette tendance est d'autant plus vraie pour les employeurs dont les employés sont syndiqués, pour les employeurs effectuant des licenciements totaux permanents et pour ces cas de licenciement dont la taille est élevée. Les absences les plus marquées de préavis ont été observées dans les cas de faillite.

— Dans la bonne majorité des cas où le préavis a été envoyé par l'employeur, les employés ont eux aussi été avisés, mais de sources multiples et différentes.

— Parmi les cas où un préavis a été envoyé au ministre, de plus en plus d'employeurs semblent se conformer aux délais de préavis prévus par la loi.

— Quant au contenu du préavis, la majorité des préavis au MTMO ne contenait pas toute l'information requise par l'A.C. 717, l'information manquant le plus souvent étant celle portant sur le nom (ou le nombre) des salariés que l'employeur prévoyait licencier.

— L'information aux salariés que doit générer le préavis et la procédure de reclassement est encore insuffisante ; de plus, l'information pré-licenciement est à peu près inexistante.

— Le préavis de licenciement ne déclenche pas toujours le processus de reclassement et, lorsqu'il le déclenche, le comité de reclassement n'est pas toujours formé avant le licenciement collectif.

— Il semble que la longueur du préavis ait une certaine relation positive avec le succès du reclassement mesuré en termes de réemploi.

— On ne peut pas dire qu'il ne soit jamais arrivé qu'un employeur ait envoyé un préavis de licenciement collectif pendant une période de négociation collective, cherchant ainsi à accroître son pouvoir de négociation. Telle façon de procéder peut être considérée de bonne guerre dans certains milieux et comme profondément vicieuse dans d'autres. Je tends à supporter la seconde approche. De la même façon, certains employeurs ont pu succomber à la tentation d'utiliser le préavis comme moyen de chantage pour obtenir subventions ou services gouvernementaux.

Au sujet des comités de reclassement, il serait risqué, voire même dangereux, de vouloir poser un jugement global sur cette expérience québécoise. Le grand nombre de tels comités, les différentes sortes de comités (préventif et curatif) et le manque de suivi nous empêchent de faire des généralisations.

Cependant, les informations et recherches disponibles à ce jour nous permettent de dire que les résultats des comités de reclassement en termes de réemploi sont très inégaux, certains étant positifs, d'autres étant négatifs. De plus, quelques travaux suggèrent que certains comités de reclassement ont pu même nuire au réemploi des salariés licenciés dans le cas de fermeture d'établissement, les salariés ainsi licenciés faisant preuve d'une pire expérience d'emploi post-fermeture lorsque couverts par un comité de reclassement que ceux qui ne furent pas «aidés» par de tels comités.

Cette grande variété observée dans les succès des comités de reclassement s'explique par plusieurs faits:

D'abord, le succès du reclassement est partout fonction des

nouveaux emplois disponibles. Or c'est justement là le plus grand défi de ce programme de main-d'œuvre, encore plus au Québec qu'ailleurs. Détérioration économique entraînant fermetures d'usine, fermetures d'usine entraînant détérioration économique et ainsi de suite dans un cercle vicieux qui exige pour le succès d'un programme tel le reclassement que des emplois soient disponibles pour les travailleurs licenciés. Le défi est de taille.

Ensuite, il est loin d'être sûr que la procédure et la stratégie de reclassement soient toujours orientées de façon stricte et réaliste vers la solution de problème de marché du travail. Telle stratégie à composantes multiples est d'autant plus importante et complexe que le problème à résoudre est très difficile.

Finalement, le manque de permanence des membres des comités de reclassement, l'importance accrue et officieuse qu'y jouent les représentants gouvernementaux peuvent distraire le comité de son objectif réel. Ceci est d'autant plus vrai que les représentants du gouvernement provincial et du gouvernement fédéral n'ont pas toujours poursuivi, du moins officiellement, le même objectif dans de tels comités.

Que vaut alors l'expérience québécoise de reclassement? Pour éviter le plus possible d'être de sempiternels cassandres et pour tenter de répondre de façon réaliste à cette question, il faut, je crois, mettre ce programme québécois de reclassement en perspective.

L'expérience québécoise de reclassement est aussi jeune que l'expérience active de main-d'œuvre au Québec, soit une quinzaine d'années. Même si les choses ne vont pas aussi vite qu'on le voudrait, il faut quand même reconnaître que ce programme d'inspiration européenne est et demeure une première sur le continent américain. Il s'agit donc d'un premier pas décisif en ce domaine qui respecte plusieurs des principes élaborés par l'O.I.T. dans sa recommandation n° 119 concernant la cessation de la relation de travail à l'initiative de l'employeur[20]. Il semble donc maintenant établi dans nos mœurs qu'il y a place pour un effort tel le reclassement des salariés licenciés à l'occasion de fermetures d'établissement. Nous n'avons plus besoin, je crois, de nous battre pour des principes de base: le principe des préavis semble accepté, des efforts de reclassement ont été faits, certains remportant plus de succès que d'autres.

Cela ne veut pas dire qu'il n'y a pas de place pour améliorations substantielles de ce programme. Au contraire, les données disponibles et l'impuissance devant certains cas de licenciements suggèrent qu'il faille sérieusement améliorer ce programme. De toute façon, le gouvernement n'a guère le choix, si on se fie à un jugement récent rendu par le juge Jean-Guy Boilard de la Cour supérieur du Québec.

Un examen du statut juridique du programme

Dans un jugement daté du 8 février 1978[21], le juge Jean-Guy Boilard déclarait «invalides et inopérants» les articles définissant les expressions «licenciement» (2f) et «licenciements collectifs» (2g) et une partie de l'article (3.2) définissant le champ d'application du règlement 717 adopté en vertu de la loi 51 et précisant certains éléments du programme de reclassement.

---

[20] Conférence internationale du travail, *Compte rendu des travaux 46ᵉ session, 1962*, Genève, BIT, 1963, pp. 445–533, pp. 840–852; Conférence internationale du travail, *Compte rendu des travaux, 47ᵉ session, 1963*, Genève, BIT, 1963, pp. 396–427, 482-483, 623-636.

[21] *Canadian General Electric c. Sa Majesté la Reine et Le Procureur Général de la Province de Québec*, Cour Supérieure (Juridiction Criminelle), District de Montréal, n° 36-000262-777 (C.S.) 500-27-18740-71 (Tribunal du Juge de Paix), le 8 février 1978, L'Honorable Juge Jean-Guy Boilard (jugement non rapporté à date).

De façon concrète, l'effet de ce jugement est de rendre «invalides et inopérants» un outil opérationnel essentiel à l'administrateur du programme, de telle sorte qu'il devient difficile de savoir exactement ce qu'est maintenant un licenciement collectif.

Le MTMO ayant décidé d'en appeler en Cour suprême de ce jugement, les commentaires que nous pouvons en faire doivent s'arrêter ici pour les raisons que vous connaissez.

L'examen fonctionnel du programme québécois de reclassement suggère fortement qu'il y a place pour améliorations substantielles. L'examen du jugement Boilard peut donner une raison supplémentaire de procéder à une telle revision du programme de reclassement. D'ailleurs, certaines des parties aux relations du travail demandent cette revision depuis un bon moment.

Les positions syndicales et patronales québécoises sur le reclassement

De toutes les parties aux relations du travail, il n'est pas à se surprendre que la partie syndicale ait été celle qui se soit la plus intéressée, du moins officiellement, aux problèmes de main-d'œuvre suscités par les fermetures d'établissement.

Du côté patronal, les points de vue officiels sur le reclassement sont rares, à moins qu'il faille accepter de les inclure en bloc à l'intérieur de certaines demandes faites par le C.P.Q. pour une politique québécoise de main-d'œuvre. Quant au reclassement proprement dit, tout ce que j'ai pu relever réfère à quelques déclarations du C.P.Q. sur l'obligation morale qu'avaient les employeurs de donner des préavis de reclassement et de collaborer activement au reclassement et au recyclage de travailleurs licenciés collectivement[22]. Cependant, quant à la critique du programme, je n'ai rien trouvé.

Du côté syndical cependant, les attaques sur le programme de reclassement sont beaucoup plus vives et les propositions d'améliorations plus nombreuses. Néanmoins, avant de les examiner, je crois qu'il faille faire quelques mises au point.

Même si la partie syndicale s'est préoccupée officiellement plus souvent que la partie patronale des problèmes de main-d'œuvre suite à des fermetures d'établissement, il ne faudrait pas croire que cela soit arrivé très souvent. Au total même, il est relativement décevant de voir le peu d'analyses que la partie syndicale québécoise a pu faire de ce phénomène.

À l'intérieur de la partie syndicale québécoise, les différents groupes syndicaux n'ont pas tous fait preuve du même intérêt officiel pour ce genre de problèmes. Ainsi, la F.T.Q.[23] est le groupe qui semble s'être intéressé relativement le plus aux problèmes soulevés par les fermetures d'usine. Ceci peut s'expliquer par le fait que la F.T.Q. regroupe des syndicats qui sont plus concentrés dans le secteur privé, secteur plus sujet aux fermetures d'établissement. Quant à la C.S.N.[24], ses analyses des phénomènes de fermetures d'usines

---

[22] Voir *Québec-travail*, vol. 1, n° 6, juin 1969, p. 207.

[23] Pour la F.T.Q., voir entre autres:
— F.T.Q. contre..., *op. cit.*
— F.T.Q. *Un programme pour maintenant*, 13ᵉ Congrès, 1977, 41 pages.
— F.T.Q., *Sécurité d'emploi et fermetures d'usines*, dossier économique, 13ᵉ Congrès, décembre 1973, 17 pages.

[24] Pour la C.S.N., voir entre autres:
— C.S.N., *Qui a mis la clef dans Soma?*, C.S.N., 1972.
— C.S.N.-C.E.Q., *Mémoire commun de revendications présenté par la C.S.N. et la C.E.Q. au gouvernement du Québec*, 28 février 1977, 62 pages.
— C.S.N., *Positions de la C.S.N. défendues au Sommet économique*, 24–26 mai 1977, 23 pages.

ne sont que rarement orientées vers une analyse critique du programme de reclassement en soi, mais plutôt sur une analyse critique plus globale du système économique à travers une série de documents. Quant à la C.E.Q.[25], étant concentrée dans un secteur parapublic particulier, ses interventions sur le sujet touchent plus la sécurité d'emploi que le phénomène des licenciements collectifs consécutifs à des fermetures d'établissement. Finalement, la C.S.D.[26] s'est toujours intéressée au phénomène des fermetures d'établissement et, plus récemment surtout à travers l'étude qu'elle a faite de l'industrie du textile. Cet intérêt de la C.S.D. pour les problèmes de main-d'œuvre suscités par les fermetures d'établissement s'inscrit dans une approche très intéressante à la politique des services de main-d'œuvre.

Au niveau de la critique du programme actuel de reclassement au Québec, le jugement des groupes syndicaux québécois est de plus en plus sévère à mesure que le temps passe. Ainsi, après avoir qualifié en 1973 les mesures de reclassement de «nettement insuffisante», la F.T.Q. qualifiait en décembre dernier, le programme québécois de reclassement comme étant «reconnu à peu près unanimement inefficace». Quant à la C.S.N., alors qu'elle qualifiait les comités de reclassement de «comités funéraires» en 1972, elle parle maintenant avec la C.E.Q. de la partie de la loi sur le reclassement comme un «lambeau de législation». Quant à la C.S.D., elle a déjà qualifié les comités de reclassement d'inutiles. Au total, alors, il ne

---

[25] Pour la C.E.Q., voir entre autres, C.S.N.-C.E.Q., *Mémoire commun..., op. cit.*
[26] Pour la C.S.D., voir entre autres :
— C.S.D., «Le comité de reclassement», *La Base*, vol. 1, n° 2, juin 1973.
— C.S.D., *Le Militant*, Québec, mars 1975.
— C.S.D., *Procès-verbal du premier congrès de la C.S.D.*, Québec, juin 1973.
— C.S.D., *Le malaise dans les textiles canadiens ou le geste de la dernière chance*, Québec, mars 1976.
— C.S.D., *Rapport du 3e Congrès et Rapport d'activité 1975 à 1977*, 1977, 111 pages.

semble pas que les groupes syndicaux croient au programme québécois actuel de reclassement. Que proposent-ils en échange?

Les propositions syndicales pour l'amélioration du programme québécois de reclassement sont nombreuses, mais ne font pas complètement unanimité, ni dans l'approche, ni dans la technique, malgré certaines tendances de fonds similaires.

Quant à l'approche générale aux licenciements, il semble que seule la F.T.Q. réclame une loi distincte dans le cadre d'une responsabilité sociale accrue de l'entreprise et situe avec la C.S.D. l'effort de reclassement comme une des parties d'une stratégie économique globale. D'un autre côté, contrairement à la C.S.N. et à la C.E.Q., la F.T.Q. ne considère aucunement les licenciements individuels. De plus, la C.S.N. et la C.E.Q. dénoncent le pouvoir exclusif de l'employeur de résilier unilatéralement la relation de travail et demandent, en accord avec la F.T.Q. et la C.S.D. que motif valable soit fourni pour tout licenciement. Pour opérationnaliser cette justification, la F.T.Q. propose l'établissement d'un mécanisme d'enquête. Finalement, ajoutons que la C.S.D. demande à être consultée pour tout projet de fermeture d'établissement ou de compression de main-d'œuvre.

Quant à l'aspect opérationnel du reclassement, tous les groupes négligent de proposer quoique ce soit quant à l'existence, au fonctionnement ou à la stratégie des comités de reclassement, sauf peut-être la F.T.Q. qui réclame des congés payés pour recherche d'emploi. Cependant, aucun n'oublie les préavis de licenciement et tous s'entendent pour en étendre les délais (jusqu'à 2 ans) et pour serrer textes et sanctions. Cependant, seule la F.T.Q. propose que les délais de préavis varient selon l'ancienneté des salariés touchés et seule la F.T.Q. demande que tels préavis soient également envoyés au syndicat. Cependant, nul groupe syndical ne semble demander que le préavis au licenciement soit envoyé au salarié lui-même.

Finalement, alors que seules la C.S.N. et la C.E.Q. réclament des indemnités obligatoires et inconditionnelles de licenciement, la F.T.Q. la C.S.N. et la C.E.Q. s'entendent toutes sur le principe de ce qui est appelé aujourd'hui le fonds de reclassement, les versions offertes en étant différentes: la F.T.Q. propose la création de fonds (sectoriels) de sécurité du revenu et de la formation de la main-d'œuvre, la CSN-CEQ parlent d'un fonds général provincial d'indemnisation et la C.S.N. a également déjà mentionné l'idée d'une caisse (provinciale) de stabilisation de l'emploi.

Les propositions avancées par les groupes syndicaux québécois sont sûrement nombreuses. Cependant, en plus de diverger sur plusieurs points, ces approches sont souvent incomplètes en ce qu'elles ne spécifient jamais, et c'est justement là le problème, la stratégie de reclassement.

En résumé alors, tant l'examen fonctionnel du programme québécois de reclassement, que l'examen du statut juridique de ce programme et les critiques surtout syndicales du reclassement québécois suggèrent un réexamen et une révision des outils utilisés pour tenter de solutionner les problèmes de main-d'œuvre suscités par les fermetures d'usine.

Vers une nouvelle stratégie du reclassement:
la protection de l'emploi

Il ne saurait être question ici de définir en détail une nouvelle stratégie de reclassement des salariés licenciés suite à des fermetures d'usines. Tenter un tel exercice ici serait prétentieux. À partir des recherches faites sur le sujet au Québec et ailleurs, à partir des expériences des autres pays, à partir des conventions internationales et à partir de l'essence même de la politique des services de main-d'œuvre, je tenterai plutôt de poser certaines balises qui pourraient peut-être servir de guide pour la révision du programme québécois de reclassement, révision qui semble d'ores et déjà amorcée.

1re balise: le phénomène des fermetures lui-même

Il apparaît évident que l'avènement de licenciements, suite à des fermetures d'établissement dépend du nombre et du type de fermetures effectuées. Dans la mesure où la meilleure façon de régler un problème est d'éliminer le problème, il semble indiqué qu'il faudrait travailler au niveau de la présence des fermetures elles-mêmes. Un tel travail pourrait avoir pour objectif soit d'empêcher certaines fermetures, soit de les étaler, soit de les rendre plus «civilisées». Cependant, il semble dès le départ qu'il faille faire une admission: il y aura toujours des fermetures d'établissement pour une série de raisons. Cependant, c'est au niveau de leur fréquence et de leur modalité qu'il faut travailler.

Une telle approche qui vise à s'attaquer d'abord et avant tout aux causes du mal plutôt qu'à ses effets a plusieurs implications:

D'abord, il faut que l'approche aux phénomènes des licenciements collectifs change complètement. Elle doit cesser d'être négative en travaillant surtout sur ses effets et devenir plus positive en travaillant sur les causes. Ainsi, je propose qu'on n'envisage plus les problèmes en termes de «reclassement de la main-d'œuvre» mais plutôt en termes plus larges de «protection de l'emploi», emploi productif évidemment; cette nouvelle approche suggère une importance accrue des efforts de prévention et une place plus grande pour des efforts plus sérieux de reclassement avant l'avènement même du ou des licenciements. De plus, une telle approche de base forcera les intéressés, je crois, à tenter d'éliminer le problème plutôt que d'adopter comme approche de base une attitude de passive impuissance. Cependant, il faut être réaliste : il y aura encore des fermetures d'établissement et il y en aura encore des licenciements. Cependant, une approche positive de protection de l'emploi devrait permettre de s'intéresser beaucoup plus tôt au problème. Comme ce facteur «temps» est primordial pour le réemploi, cette approche comporte donc un double avantage.

De plus, il faut admettre qu'une telle approche déborde le cadre du seul MTMO et fait référence à une stratégie économique plus globale, comme l'indique la F.T.Q., stratégie qui doit cependant commencer à se préoccuper plus qu'elle ne le fait à l'heure actuelle des préoccupations de main-d'œuvre en voyant, par exemple, le gouvernement cesser de prendre ses décisions comme si la main-d'œuvre n'était pas une variable très importante à considérer. Ainsi, comme on en a l'impression, le MIC aurait un rôle très important à jouer dans une telle stratégie. Cela implique un changement radical avec la situation actuelle qui donne nettement l'impression que ce ministère ne s'intéresse qu'aux nouveau-nés et aux enfants en santé laissant au MTMO le soin presqu'exclusif des mourants ou des trépassés.

En plus, une référence systématique au phénomène des fermetures nous enseigne qu'il y a différentes sortes de fermeture (temporaire, permanente, totale, partielle), qu'il y a différentes causes de fermeture (dont la plus difficile ici est la faillite) et que les fermetures peuvent avoir des caractéristiques différentes selon les secteurs d'activités. Un tel constat amène une conclusion claire à savoir que les fermetures ne constituent pas un phénomène homogène. Si le problème n'est pas homogène et a différentes facettes, il ne faudra pas que la solution soit homogène. Comme dans tout problème de main-d'œuvre, c'est une solution sur mesure qu'il nous faut, une solution qui colle à la réalité et aux contraintes de la réalité québécoise des fermetures.

2e balise: une approche de protection de l'emploi

Par une telle approche de protection de l'emploi, l'esprit général sous-jacent aux problèmes suscités par les licenciements collectifs est beaucoup plus large que la notion de reclassement proprement dite. Quelques pas ont été faits dans cette direction par les Comités québécois d'adaptation de la main-d'œuvre, par les Conseils de main-d'œuvre et par le Service consultatif de la main-d'œuvre du ministère de l'Emploi et de l'Immigration. Il s'agirait alors de profiter de cette expérience et de la pousser beaucoup plus loin.

Dans une conception macro-économique de la sécurité d'emploi, i.e. sécurité dans l'emploi, il faut comprendre que la notion de protection de l'emploi comprend également celle de protection dans l'emploi. Une telle notion établit de façon encore plus évidente la relation qui doit exister entre ces mesures de protection et la politique des services de main-d'œuvre et ses outils.

Théoriquement du moins, telle politique des services de main-d'œuvre doit chapauter ces mesures de protection dans l'emploi car elle en devient un des outils privilégiés. Ainsi, suite aux exigences de cette politique, devra-t-on voir que les mesures de protection dans l'emploi s'appliquent à toute personne sujette à la perte d'emploi. De là, on doit établir la nécessité pour les mesures de protection dans l'emploi de viser non seulement les victimes de licenciements collectifs, mais également les victimes de licenciements individuels.

Ces derniers ne peuvent plus être ignorés. D'ailleurs, l'exemple de la Grande-Bretagne est très intéressante à ce sujet [27].

De plus, les exigences d'une véritable politique des services de main-d'œuvre imposent, entre autres, que tous ces effets soient basés sur une certaine collaboration des parties impliquées dans le marché du travail et sur l'expression concrète de ce qui peut être appelé la responsabilité sociale de l'employeur. Telle la bonne foi, ce concept de responsabilité sociale de l'employeur ne se force pas par législation, du moins pas entièrement. C'est un travail d'éducation que le Service québécois de reclassement a entrepris en 1965. Cependant, l'effort reste à compléter.

Le Québec n'a pas de politique des services de main-d'œuvre et cela est d'autant plus sérieux dans le cas qui nous concerne car l'effort de protection de l'emploi est un point de convergence de tous les efforts de main-d'œuvre. Cependant, si on s'en tient à une certaine conception éthérée de la main-d'œuvre qui a cours dans certains milieux et qui prétend qu'on ne peut pas avoir de politique en ce domaine au Québec tant que nous n'avons pas une connaissance presque parfaite des marchés du travail, nous ne sommes pas prêts au Québec d'avoir une telle politique si on se fie à l'expérience des pays industrialisés et surtout si on regarde de près la question de l'information sur les marchés québécois de travail.

Vu dans cette optique de marché du travail, l'approche de protection de l'emploi devrait permettre :

l'adoption d'une approche permanente plutôt qu'« ad hoc » aux problèmes de main-d'œuvre suscités par les fermetures d'établissement;

---

[27] Au sujet de la Grande-Bretagne, voir par exemple, HARRIES, J., *Employment Protection : The 1975 Act Explained*, London, Oyez Publishing, 1975, 194 pages.

un programme très souple dont les solutions peuvent et doivent varier selon les problèmes rencontrés ;

une adaptation des programmes réguliers de main-d'œuvre aux besoins spécifiques des salariés victimes de licenciements.

Dans la mesure où toute l'approche de protection de l'emploi, comme celle du reclassement d'ailleurs, découle d'une acceptation que les salariés acquièrent avec le temps certains droits de propriété dans leur emploi, tant l'approche économique pure que l'approche main-d'œuvre indiquent qu'ils devraient recevoir assistance rapide, adaptée et efficace si la contribution productive veut encore dire quelque chose.

3e balise: **quelques aspects techniques de la procédure et des modalités du licenciement**

Sans vouloir aller trop dans les détails, il faut quand même mentionner ici que la façon dont le programme de protection dans l'emploi pourrait être détaillé est d'une grande importance et qu'elle devra coller à la réalité de l'entreprise québécoise, de la structure industrielle québécoise et des marchés québécois du travail. C'est donc dire qu'il pourra y avoir différentes modalités de fonctionnement de ce programme selon les types d'entreprises et selon les marchés du travail. Ainsi par exemple, il m'apparaît illusoire d'exiger un préavis d'un ou deux ans à des PME, leur période de changement de cap étant plus courte. Cependant, admettre que celles-ci ne font pas de planification pour raccourcir les périodes de délais peut être dangereux, car ainsi on s'assure quasiment qu'elles n'en feront jamais.

Quant aux modalités d'application et conformément à la recommandation no 119 de l'OIT, aux expériences étrangères, aux résultats de recherches et à certaines demandes syndicales, je crois

qu'il faille examiner sérieusement et même accepter les quelques
idées suivantes si les efforts de protection de l'emploi veulent dire
quelque chose : diminution de la capacité de résiliation unilatérale
de la relation de travail par l'employeur, procédure de justification
des licenciements, actions préventives, préavis plus longs ou en cas
d'impossibilité, car il y en a, licenciements graduels et indemnité
compensatoire, actions spéciales et permanentes de reclassement à
stratégie variable, indemnités de fin d'emploi en fonction de l'âge et
de l'ancienneté, fonds de protection de l'emploi, activités d'«out-
reach» de la part des administrateurs du programme.

Toutes ces modalités techniques devront s'articuler autour de
l'idée, pourtant pas nouvelle, *du fonds de protection de l'emploi.* En
effet, en plus d'être le mécanisme qui peut permettre de coordonner
et d'agencer tous les efforts de protection de l'emploi (comme le
«Redundancy Fund» anglais), ce fonds a l'avantage de représenter
une solution plus facilement réalisable et d'être probablement la
moins nocive. De plus, telle idée d'un fonds de protection de l'emploi
est véhiculée au Québec depuis un bon moment et a même été
inclue en partie dans l'article 45c) du Bill 49. Il s'agirait d'en pousser
l'étude un peu plus loin. Le contexte semble se prêter à un tel travail
car, à toutes fins pratiques, l'idée d'un fonds de protection de l'emploi fait consensus parmi les parties patronales et syndicales dans
leur langage officiel et officieux.

Il faut cependant demeurer réaliste. Ces efforts de protection
de l'emploi ne pourront faire plus que de tenter de réduire les effets
nocifs des licenciements et surtout de civiliser ces licenciements.
Même si on peut être facilement tenté de croire le contraire, il faut
admettre qu'il continuera à exister des résiliations de contrats de
travail à l'initiative de l'employeur. Dans un tel contexte, les efforts
de protection de l'emploi ne visent pas tant à maximiser la sécurité
d'emploi mais plutôt à en minimiser l'insécurité. C'est pourquoi, il

faudra en arriver à faire le lien entre les efforts de protection de l'emploi et du niveau d'emploi et la politique économique[28].

Il faut donc que toute stratégie de protection de l'emploi soit extrêmement réaliste. Il faut éviter dans ce domaine de se bâtir des châteaux en Espagne: ils risquent de fermer...

Fernand D'AOUST

Secrétaire général
Fédération des travailleurs du Québec
Montréal

Les conséquences des fermetures d'usines sont inégalement réparties au sein de notre société et Jean Sexton précise avec justesse ces dimensions spécifiques du problème.

Bien que nous connaissons assez mal les vrais motifs de fermeture, il nous faut toutefois ajouter qu'il y a des types de fermetures qui seront toujours socialement injustifiées et contre lesquelles nous lutterons sans relâche. Malheureusement, il y en a trop souvent. Je fais référence ici à une fermeture occasionnée par une absence voulue et planifiée de modernisation en fonction d'une stratégie d'entreprise pour rentabiliser au maximum les meilleurs équipements en provoquant, même au besoin et selon les capacités de contrôle du marché, une certaine rareté temporaire des produits pour faire hausser les prix. C'est en période de récession que l'on met au rebut les plus vieux équipements amortis pour rentabiliser les neufs. Cette stratégie égocentrique d'entreprise bafoue les intérêts des travailleurs et de la collectivité et est la négation même de toute responsabilité sociale de l'entreprise. En ces circonstances, l'objectif de l'entreprise de l'exploitation maximum des ressources pour l'obtention d'un profit maximum est des plus clair et des plus éhonté.

Ce comportement encore largement répandu des entreprises québécoises doit être combattu sans répit et nous avons de plus en plus la certitude que c'est par une législation contraignant l'entreprise à une justification publique que nous y parviendrons.

Nous avons acquis cette certitude au fil de nos luttes contre les fermetures socialement inacceptables et économiquement douteuses. Nous assistons, au moment même où nous nous parlons, à des manigances d'entreprises pour planifier des fermetures au Québec. Ce que Sun Life, entre autres, a dit tout haut, Bell Canada le réalise en sourdine en demandant à son imprimeur des pages jaunes de l'annuaire téléphonique de Montréal, de transférer en Ontario la composition et l'impression de l'annuaire français et provoque ainsi la fermeture d'une succursale d'imprimerie qui employait quelque 60 travailleurs. Combien de banquiers nerveux ont bloqué des marges de crédit, accéléré des remboursements, refusé le financement de certains projets, etc... Nous avons la certitude que dans certains cas, l'intervention précipitée des banques provoque des fermetures injustifiées. Ces quelques exemples n'ont pour but que de vous démontrer jusqu'à quel point, comme syndicats, nous sommes démunis de tout moyen de vérification sérieuse des véritables motifs de fermeture et nous croyons qu'une procédure serrée de justification pourrait souvent éviter des catastrophes planifiées ou inutiles ou amener les parties à une juste compréhension de la réalité.

Nous endossons évidemment la conclusion du professeur Sexton à l'effet que «tant l'examen fonctionnel du programme québécois suggère un réexamen et une révision des outils utilisés pour tenter de solutionner les problèmes de main-d'œuvre suscités par les fermetures d'usine».

Le professeur Sexton, il nous semble, croit à une certaine évolution progressive des mentalités des entrepreneurs face aux conséquences néfastes sur les travailleurs et la collectivité des fermetures totales d'usines. Nous pensons davantage que laissée à elle seule, l'entreprise succombera toujours plus facilement devant ses contraintes internes laissant au second plan les répercussions humaines et sociales de sa décision de fermeture. Nous serions moins inquiétés du cheminement de la conscience sociale des entreprises si des balises légales leur éclairaient la voie à suivre.

Ceci nous amène à croire au départ que si le mouvement syndical est prêt à s'asseoir immédiatement pour procéder à la révision du Bill 49 et tout spécialement sur le problème des mises à pied individuelles et collectives, il ne nous paraît pas évident que les employeurs soient disposés à reconnaître l'acuité de la situation et veuillent discuter des modifications à apporter à cette calamité parfois profitable pour eux seuls. Il nous faudra probablement sur ce terrain, comme sur bien d'autres d'ailleurs, forcer l'évolution de leur conscience sociale.

L'approche positive suggérée par Jean Sexton est à l'effet de situer notre démarche dans une stratégie de protection de l'emploi. En termes clairs, nous croyons également que des fermetures d'usines, il y en aura toujours et que celles qui sont inévitables doivent être planifiées en fonction d'un programme de création d'emplois qui correspond le plus adéquatement aux aptitudes de la main-d'œuvre mis en disponibilité, et aux ressources du milieu. Il n'est écrit nulle part qu'une fermeture doit provoquer des traumatismes humains et sociaux incontrôlables, il n'est pas dit nulle part également qu'une fermeture d'usine ne devrait être entourée de toutes les attentions nécessaires pour récupérer au maximum les potentialités du milieu affecté. L'ère des fermetures barbares doit tirer à sa fin au Québec.

Nous avons toujours cru que l'objectif principal du Bill 49, par son article 45, était essentiellement de faire du reclassement et qu'au départ, les efforts ont été canalisés en ce sens. Devant l'échec de cet objectif et principalement en période de récession où le chômage augmente et les mises à pied s'accélèrent, on s'est vite retrouvé dans un cul de sac. Graduellement s'est développée l'approche préventive orientée davantage vers la protection des emplois existants plutôt que la recherche d'emplois inexistants. Prenant la relève des comités de reclassement, des résultats intéressants ont été atteints par des comités d'adaptation de la main-d'œuvre. Un début de collaboration s'est établi avec les ministères à mission économique et nous croyons qu'il faille, comme le suggère Jean Sexton, opter carrément pour la protection de l'emploi dans le cadre d'une politique économique et sociale orientée vers le plein emploi. Ce n'est que dans un cadre planifié de développement économique que peuvent se coordonner les actions des différents ministères et agents de développement en fonction d'une pleine utilisation de nos ressources et de nos capacités humaines. C'est ainsi qu'il nous paraît essentiel qu'un changement de cap de la politique actuelle en cas de licenciements collectifs s'inscrive dans une réorientation globale à la fois des politiques de main-d'œuvre et de développement économique axée sur la protection et la création d'emplois.

Dans le contexte actuel, le déblocage qu'il nous faut opérer sur ce thème sera sûrement difficile. Nous sommes confrontés à un gouvernement hésitant et qui se cherche une voie dans ce domaine d'intervention. Nous aurons à affronter des employeurs qui nous crieront l'argumentation de la nécessité du maintien de la capacité concurrentielle pour s'opposer à tout effort monétaire de création d'un fonds d'indemnisation. Nous devrons compter avec une fraction importante de la population d'abord préoccupée à se trouver un emploi. Les efforts de protection de l'emploi qu'il nous faut déployer ne prennent pas pour toutes parties le même caractère d'urgence et pourtant, c'est bien pour nous un premier pas qu'il nous faut faire au Québec pour civiliser les fermetures d'usine, s'assurer d'une meilleure protection d'emploi dans des périodes difficiles en empêchant les fermetures injustifiées et se donner des politiques d'emploi qui contiendront le gaspillage des ressources humaines.

Quand l'économie est en progression, il y en aura toujours des opposants pour reporter à plus tard ce rendez-vous, quand les choses vont mal, on tente de nous convaincre que ce n'est pas la priorité; pour nous, il est temps de s'attaquer à cette plaie. L'étude du professeur Sexton nous fournit une bonne toile de fond pour amorcer ce travail.

Hubert PITRE

Président
Entreprises Transport Provincial
Montréal

Je voudrais que mes commentaires soient pris comme étant des commentaires personnels sur un sujet qui affecte sûrement l'ensemble de la société québécoise, mais sujet sur lequel le véritable expert est bien celui qui a écrit le texte.

Le premier point qui m'a frappé est que très rapidement M. Sexton place le problème «Fermeture des établissements» dans un cadre qui déborde le niveau de l'entreprise, le niveau de la sécurité dans un emploi, pour aboutir au niveau du marché de travail et aux questions plus larges telles que les services de main-d'œuvre et les politiques de main-d'œuvre. C'est une approche avec laquelle je suis personnellement d'accord et qui m'apparaît importante à retenir tout au long de nos discussions sur le sujet.

Dans la pratique ceci m'amènerait même au commentaire que le cadre de la négociation collective tel qu'actuellement connu, risque d'apporter très peu à la solution de ce problème et que tout affrontement orienté sur la sécurité de l'emploi risque également de transporter avec lui de faux espoirs sinon une fausse sécurité.

La véritable sécurité étant reliée à la santé de l'entreprise et appuyée sur sa capacité de se maintenir et de se développer ; c'est là du moins pour le moment le propre de la plupart des emplois détenus, sauf peut-être pour un secteur privilégié, le public et le para-public. Je suis loin d'être convaincu qu'il s'agisse d'une notion qu'il faille étendre à d'autres secteurs. J'aime également beaucoup cette approche de M. Sexton d'inscrire toute analyse de fermeture d'établissement dans un contexte dynamique, évolutif, et changeant, la vie d'une entreprise étant comparable à la vie de l'individu qui naît, vie et meurt.

La fermeture d'une usine, ou la disparition d'une entreprise demeurera toujours quand même un phénomène relativement extra-ordinaire pour ceux qui sont affectés. C'est pourquoi donc le reclassement de la main-d'œuvre, suite à des licenciements collectifs est une procédure extraordinaire puisque normalement le reclassement de la main-d'œuvre au niveau des individus doit se faire de façon continue. Même s'il s'agit d'une mesure extraordinaire il ne semble pas y avoir de doute que malgré des résultats pour le moment encore non probants, il faille continuer l'expérience et l'améliorer.

Dans sa démarche, M. Sexton s'attaque lui à la cause des problèmes de reclassement soit les fermetures elles-mêmes. Je me permets ici de faire référence à mes commentaires du début sur la table de négociation où d'après moi les parties ont une responsabilité de se préoccuper de cette éventualité avant qu'elle ne leur arrive.

Il y a dans plusieurs entreprises et industries des signes avant-coureurs de difficultés que malheureusement les parties refusent souvent par manque de connaissance ou autrement, les cas de mauvaise foi étant quant à moi très rares, de considérer sérieusement et de travailler à leur solution. On dirait que l'imagination, la flexibilité font défaut jusqu'au moment où une menace de fermeture pèse au-dessus d'une table de négociation lors de renouvellement des contrats collectifs de travail et que tout à coup la proximité de l'événement génère un déclenchement de formules possibles mais déjà difficiles à mettre en application compte tenu des courts délais qui restent pour y arriver et la nécessité de résultats immédiats pour corriger la situation et quelquefois sauver l'entreprise. M. Sexton aborde le sujet de façon très délicate lorsqu'il dit : « Une telle approche de base forcera les intéressés à tenter d'éliminer le problème plutôt qu'adopter comme approche de base une attitude de passive impuissance. »

Je crois qu'il faut admettre que négocier la protection de l'emploi, comme le suggère M. Sexton, veut dire faire des compromis sur d'autres sujets et non pas négocier une sécurité d'emploi basée sur aucun échange quant à la forme dans laquelle cette protection sera assumée ou assurée, tout en maintenant l'entreprise en bonne santé.

Les parties qui à travers leur vie quotidienne auront passé à travers cet effort de protection réelle de l'emploi si jamais elles doivent faire face à une fermeture auront déjà en main des données qui rencontrent certains souhaits exprimés par MM. Sexton et D'Aoust et risquent de se retrouver à une table commune de travail avec beaucoup plus d'objectivité, moins d'agressivité, et beaucoup plus de désir de servir le travailleur lui-même, qu'on oublie malheureusement trop souvent dans cette démarche.

J'appuie M. Sexton dans sa façon d'exprimer qu'une solution sur mesure est celle qu'il nous faut dans chacun des cas de fermeture, et que cette solution doit coller à la réalité, aux contraintes auxquelles doivent faire face les Québécois. Cette suggestion de M. Sexton de considérer une approche de protection de l'emploi dans l'ensemble des politiques d'utilisation de la main-d'œuvre n'est sûrement pas en contradiction avec ce que le C.P.Q. a toujours envisagé, et préconisé bien que nous n'ayons jamais poussé l'idée aussi loin que le fait le texte que j'ai à commenter.

Les hypothèses ou balises mentionnées constituent des propositions très intéressantes sur lesquelles des discussions de valeur pourraient prendre place. Un des prérequis est celui de la responsabilité sociale de l'employeur, tel qu'indiqué dans le texte, est un concept de plus en plus accepté et dont les manifestations sont de plus en plus nombreuses. Il ne faudrait pas oublier par ailleurs dans toutes ces discussions, particulièrement dans les aspects techniques de la procédure et des modalités de licenciement, que chaque fois que nous voulons placer l'entreprise dans un cadre rigide, il faut en retour lui permettre de pouvoir réagir devant la compétition et s'assurer qu'elle pourra compenser en quelque part les obligations auxquelles elle doit faire face.

Avant de souscrire à la discussion des balises indiquées, je tiens à rappeler que l'équilibre économique est excessivement mince et lorsqu'on tente continuellement de vouloir faire donner à l'entreprise une protection complète à une seule des ressources qu'elle utilise, on met en danger sa vie et sa capacité de réaction ce qui, comme conséquence, viendra quelquefois créer le problème que nous avons voulu éviter. Le licenciement collectif quelles que soient les raisons pour lesquelles il prend place est la responsabilité d'un ensemble de décisions et d'un ensemble de la société et on ne peut pas demander à une seule de ces composantes d'en supporter toute

la responsabilité et à mon sens les fermetures d'usines où la protection de l'emploi s'inscrit et doit s'inscrire dans l'ensemble de ces
décisions. En un mot il s'agit là d'un sujet qui n'est pas différent des
autres dès qu'on touche l'utilisation de la ressource humaine dans
toute entreprise qu'elle soit publique, para-publique ou privée, les
solutions faciles n'existent pas.

Les employeurs sont les derniers à pouvoir bâtir des châteaux
en Espagne car tout manque de réalisme leur fait payer très cher
leur oubli de la sagesse. Une décision sage est rarement populaire
car elle ne fait pas appel aux émotions mais à la raison, denrée
essentielle à la réussite de tout programme de protection d'emploi.

LE TRAVAIL : PRIVILÈGE, DROIT OU OBLIGATION

7

Gösta REHN

Swedish Institute for Social Research
Stockholm

Je suppose que tous sont d'accord que le travail soit, à des degrés divers, un privilège, un droit et une obligation. Je suppose aussi que tous sont d'accord que la chose importante c'est le droit au travail. L'approche « privilège » ne doit pas exister dans un pays démocratique ; si le travail, était un privilège, ce serait parce que certains n'auraient pas le droit de travailler. L'approche « obligation », pour sa part, a un air d'esclavage que nous n'aimons pas non plus.

Pour que le travail soit vraiment un droit, il faut instaurer le plein emploi et ce en dehors de tout contexte inflationniste. Je tenterai d'examiner brièvement cette question. Pour ce faire, je présenterai et expliquerai trois thèses différentes avec cependant les limites qu'un court exposé de ce genre comporte.

Subventions à l'augmentation et au maintien de l'emploi

Le chômage élevé, pendant ces dernières années, n'est pas le résultat d'un destin aveugle, une machination du diable, appelée «conjoncture», mais le résultat d'une politique monétaire restrictive des gouvernements des pays les plus importants. C'est le danger d'une nouvelle accélération de l'inflation qui a mené les gouvernements à cette politique malthusienne et friedmanienne.

Dans une telle situation, la tâche la plus urgente sera de trouver des méthodes qui pourraient libérer les gouvernements de leur crainte de l'inflation. À mon avis, ces méthodes existent. Elles consistent en subventions à l'augmentation de l'emploi par entreprise, et aussi au maintien de l'emploi, c'est-à-dire aux embauches pour compenser les disparitions continuelles. Cette réduction des coûts de la main-d'œuvre additionnelle mènera à un freinage de l'inflation (par augmentation de l'offre des produits bon marché abaissant les prix). Voilà un mécanisme qui doit contrebalancer l'inflation qui suivra chaque croissance de l'emploi selon la théorie bien connue de la «courbe de Phillips».

Prime à l'emploi

Les coûts salariaux contiennent, après le développement des dernières décennies, un élément de contribution à la collectivité qui a augmenté très considérablement. Cela a augmenté la différence entre les coûts réels très limités d'une embauche pour l'économie du pays et ceux très élevés qu'un patron accepte de payer quand il embauche un chômeur, le transformant ainsi de bénéficiaire d'indemnités d'assurance-chômage en un contribuable productif. Ce sont les coûts du patron qui décident du niveau de prix nécessaires pour qu'une production soit rentable ou non, et qui influencent le choix entre les machines ou les hommes comme producteurs.

Ce n'est qu'avec lenteur que les gouvernements ont découvert les implications de l'écart croissant entre la rentabilité privée et la rentabilité collective d'une augmentation de l'emploi. Notamment il sera financièrement très profitable pour le gouvernement de persuader — par exemple par une prime à l'emploi — un patron d'augmenter son personnel de manière à créer un accroissement net (non seulement brut) de l'emploi dans le pays. Lentement on s'est mis à introduire ce type de mesure dans la politique de l'emploi.

La sécurité de l'emploi

Le marché du travail est en train de se développer vers une plus grande rigidité et une plus grande segmentation. Nous verrons l'apparition d'un «dual labour market», un marché du travail dualiste, où «la sécurité de l'emploi» tend à être un privilège pour ceux qui occupent déjà un poste de travail, alors qu'il existe une plus grande insécurité de l'emploi pour ceux qui sont dans la jungle «du marché du travail secondaire». (On doit plutôt parler d'une segmentation graduée que d'une dualité absolue selon la terminologie bien connue de Doeringer et Piore. Leur simplification aide cependant à clarifier les tendances à craindre, plus qu'elle ne décrit la situation telle qu'elle est.)

Ce développement peut présenter un danger tant pour les «protégés» que pour les autres. S'il existe un très grand écart entre position protégée et position non-protégée, l'individu qui a un emploi très sûr se trouvera un jour asservi à son patron : il n'osera pas bouger. Même s'il est amené à détester son travail actuel, il n'ose pas ni s'exposer lui-même ni sa famille à la perte de sécurité et de tous les avantages s'y afférant.

Mais on ne peut pas faire marche arrière sur ce point-là. La sécurité de l'emploi a en soi trop de valeur pour ceux qui l'ont acquise. Nous devons plutôt chercher des formes de sécurité qui donnent ou redonnent même aux travailleurs qui veulent changer d'emploi des avantages équivalents et ce pour faciliter l'adaptation au marché du travail. Par exemple, des primes à la mobilité pourraient parfois compenser les désavantages que comporte un changement de travail; on pensera au financement des recyclages professionnels. Mais on peut aussi imaginer d'autres formes de «flexibilité de la vie active»: des mesures destinées à inciter l'individu à varier son offre de travail selon les besoins de l'économie.

Vers une solution

Voilà mes trois «thèses» initiales avec quelques commentaires et conclusions générales. Comme je l'ai déjà souligné, les problèmes qu'elles présentent ne peuvent être résolus de façon satisfaisante que dans une situation de plein emploi. Donc revenons à la question primaire celle *des causes et des solutions* au chômage et la recherche d'une solution au dilemme chômage-inflation.

On a cru longtemps qu'une demande monétaire excédentaire pourrait toujours donner le plein emploi, si seulement on pouvait faire fonctionner efficacement une «politique des revenus». En premier lieu, l'intention était de persuader les syndicats de faire un effort pour freiner l'augmentation des salaires de leurs membres. Après une série d'échecs de cette approche, les grands pays ont apparemment opté pour une politique friedmanienne, peut-être dans la version McCracken, freiner l'augmentation de la masse monétaire pour que les syndicats apprennent leur leçon: si l'on demande des salaires trop élevés on sera chômeur, tout comme l'homme d'affaires qui demande des prix trop élevés ne peut pas vendre son produit et fait faillite.

Malheureusement, cette politique restrictive affecte en premier lieu non pas les groupes qui sont importants en ce qui concerne le développement des salaires et des prix, c'est-à-dire les «hommes dans l'âge le plus actif», ou les grandes compagnies industrielles plus ou moins oligopolistiques. Une telle politique entraîne du chômage en premier lieu parmi les jeunes, les gens âgés, les handicapés, les habitants de régions périphériques, souvent aussi les femmes cherchant à sortir des foyers pour se libérer par un travail rémunéré.

C'est dire que la politique de freinage monétaire n'est pas très efficace. Avec le temps, « les forts» apprendront de plus en plus à se protéger, et les effets négatifs seront de plus en plus importants parmi «les faibles» ou «marginaux». C'est pourquoi il faut craindre que les gouvernements n'appliquent des restrictions de plus en plus dures qui seront de moins en moins efficaces sur l'inflation mais qui augmentent le chômage parmi les innocents qui ne décident ni des salaires ni des prix.

Par un raccourci un peu caricatural, c'est ainsi qu'on peut interpréter ce que nous avons vu ces dernières années dans les pays industrialisés. On a accepté des niveaux de plus en plus élevés du chômage, et le travail est de moins en moins le droit qu'il doit être pour tous. Au lieu il est devenu le privilège de certains.

Je ne peux pas discuter ce qui à l'origine a poussé nos gouvernements dans la direction qu'on a vue, c'est-à-dire les causes du fait que chaque taux de chômage semble être associé à un taux plus élevé d'inflation que pendant les années soixante. Nous constatons simplement que la stagflation est là, et il serait vain de discuter ses origines historiques. Il faut plutôt s'intéresser aux points sur lesquels on peut faire quelque chose pour un avenir meilleur.

Regardons la situation économique dans laquelle se décide l'embauche d'un chômeur. Disons que l'employeur doit payer $1 000 par mois en salaires et charges sociales pour un travailleur. L'embauche est intéressante pour l'employeur seulement si ce travailleur produit quelque chose qui vaut plus que $1 000. Mais le fait que cette personne a un emploi et ne chôme pas veut dire tout autre chose pour l'économie, pour le pays, pour « le gouvernement » : on évite le paiement de l'allocation de chômage, disons $400 et on reçoit des charges sociales (disons $150) et les impôts directs et indirects (disons $250 de plus que ce qu'il payait déjà comme chômeur). Cela veut dire que le gouvernement (ou la collectivité, les caisses publiques ensemble) gagnent $800 sur cette affaire.

Ici nous verrons que l'employeur est contraint de payer une somme (salaire propre et charges supplémentaires) qui est beaucoup plus élevée que l'augmentation du pouvoir d'achat du salarié quand il change de statut de chômeur assuré au statut de salarié contribuable.

C'est dans cette voie que nous avons à chercher la solution — ou du moins une forte contribution à la solution — du dilemme inflation-chômage et ainsi redonner au travail le caractère d'un droit pour tous.

Si l'on donne 40% à un employeur pour qu'il embauche encore un travailleur et l'État reçoit 80% de ce que paye l'employeur, l'État a un revenu net de 40% — et le chômage est réduit. En même temps les coûts de production des produits supplémentaires sont réduits, renforçant ainsi la concurrence, c'est-à-dire freinant les tendances inflationnistes.

Une acceptation plus grande de cette situation dans divers pays a entraîné un nombre croissant de programmes du type « primes à l'emploi ». Rappelons la décision du Congrès des États-Unis d'offrir une prime de $2 100 par personne pour chaque addition au nombre d'employés, à condition que l'entreprise ait déjà augmenté son effectif de 2% comparé au nombre d'employés de l'année précédente. Cette prime qu'on appelle «Job Tax Credit», parce que les américains n'aiment pas les mots comme subvention, prime, don, etc. vaut environ 20% du coût salarial pour des embauchés additionnels. Entre parenthèses, je crains que les modalités très détaillées et compliquées de ce programme n'entravent son efficacité et un succès réel en matière d'augmentation de l'emploi. Mais il est utile d'expérimenter, et en principe on est sur la bonne voie.

En France, on a introduit une exonération des charges sociales pendant une année pour l'embauche de jeunes de moins de 25 ans. Cela vaut environ 25% du coût total pour chaque jeune personne si elle représente une augmentation nette de l'effectif de l'entreprise qui l'a embauchée.

En Angleterre, le TES (Temporary Employment Subsidy), la subvention temporaire à l'emploi, est accordée pour éviter des licenciements prévus comme inévitables sans cette subvention. Il s'agit là de £20 par semaine par travailleur. Le TUC a demandé une extension de ce système aux augmentations, non seulement au maintien des emplois. Mais le gouvernement a été prudent sur ce point. Pour le moment, il fait l'expérience d'accorder une telle prime aux augmentations seulement dans certaines régions où le chômage est particulièrement élevé.

En Finlande, pour donner encore un exemple, on a récemment introduit un système de primes très importantes pour les emplois supplémentaires dans les régions sous-développées, avec environ 20% de la population du pays. On commence avec 25 ou 40% la première année, mais la prime est réduite à zéro après trois années.

En Suède, on a introduit — en 1970 déjà — une prime du même genre d'environ 10% du coût salarial de l'augmentation d'emploi si telles augmentations durent trois ans et ce dans les régions les plus dépourvues. Mais on a aussi utilisé des primes — parfois très importantes — pour l'embauche des jeunes, des femmes et des handicapés dans les communes aussi bien que dans les entreprises privées. Récemment on a introduit une prime de 10% au maintien de l'emploi pour les travailleurs de plus de 50 ans dans les industries du textile et du vêtement. Actuellement les primes de cette sorte constituent un élément important de notre politique du marché du travail.

On n'a pas aboli les programmes traditionnels de la politique pour le plein emploi, comme les travaux publics, les ateliers protégés, les cours de recyclage, les primes à la mobilité géographique, etc. Mais on a vu que ces programmes coûtent souvent très cher. Les chantiers publics créés pour donner du travail aux chômeurs coûtent souvent cinq fois plus que les salaires pour les travailleurs qu'on y place. Cela veut dire que l'impact inflationniste via des «multiplicateurs» keynésiens de chaque réduction du chômage obtenue par cette méthode peut devenir important et doit être compensé par des impôts — mais cela serait en soi une sorte d'inflation des coûts.

Ainsi on peut considérer tous les programmes de la politique traditionnelle du marché du travail comme comportant des éléments inflationnistes du moins dans une certaine mesure et à court terme.

Par leur construction ils sont — c'est vrai — moins inflationnistes qu'une expansion générale de la masse monétaire, parce qu'ils sont sélectifs, c'est-à-dire qu'ils visent les points où il existe un excédent de main-d'œuvre à qui on peut donner du travail sans directement aggraver la pénurie qui règne ailleurs. Mais les primes à l'emploi conviennent en principe encore mieux de ce point de vue-là. Elles réduisent précisément les coûts de l'augmentation de l'emploi sans augmenter l'écart entre les prix et les salaires pour la plupart des salariés d'un pays. C'est dire qu'on n'incite pas les syndicats à demander des augmentations de salaire pour compenser une augmentation des marges bénéficiaires — comme dans le cas où on a stimulé l'économie par des réductions d'impôts ou l'expansion de demande monétaire qui incitent les chefs d'entreprise à augmenter les prix au lieu de les réduire comme dans le cas que nous avons évoqué ici.

Pour simplifier la présentation, j'ai parlé en premier lieu des primes à l'augmentation de l'emploi comme méthode pour réduire les coûts marginaux de la production par rapport aux coûts moyens. Il existe d'autres méthodes de même portée et avec le même but, c'est-à-dire assurer un élément anti-inflationniste dans les actions pour augmenter la production et l'emploi vers le maximum de 100% du niveau potentiel.

Les exemples déjà mentionnés de la politique de l'emploi dans divers pays indiquent plusieurs de ces formes : par exemple la concentration sur certains groupes, régions ou secteurs de l'économie ; on peut aussi combiner l'offre des primes à l'emploi avec diverses spécifications, par exemple que l'embauche subventionnée doit être combinée avec la formation professionnelle, l'accumulation des stocks, un certain quotient de femmes ou d'autres catégories désavantagées, etc. On peut aussi imaginer une sorte de « clearing » où l'État impose une charge, par exemple 2% de la masse salariale, dont le revenu serait redonné aux entreprises comme une prime de 20% à tout emploi au-dessus de 90% du niveau de l'année précédente (au lieu de 102% comme dans le cas américain de la Job Tax Credit). Cette « prime marginale à l'emploi » exercerait une influence anti-inflationniste et expansionniste constante sur l'économie.

Le même raisonnement peut aussi être appliqué aux subventions aux investissements, éventuellement nécessaires pour la création d'emplois parce que la capacité d'embauche dans l'industrie est limitée par le manque d'équipements. En général une combinaison de subventions marginales aux investissements et aux emplois serait optimale.

Il existe des arguments souvent évoqués contre l'utilisation de ces méthodes dans la lutte pour le plein emploi sans inflation. L'argument le plus fréquent est le suivant : aucune prime à l'emploi ne mènera aux embauches nettes tant que la demande pour les produits fait défaut, et en ce cas le résultat des primes sera seulement un déplacement des emplois de certaines entreprises faibles vers des entreprises fortes. Naturellement, pour arriver au plein emploi il faut créer « la pleine demande » avec les méthodes bien connues de la politique monétaire et fiscale. Le point de départ de notre réflexion était justement le fait que les gouvernements n'osent pas appliquer cet expansionnisme parce qu'ils craignent l'inflation, et c'est pourquoi ont doit encourager toute expérimentation avec les méthodes ici proposées, méthodes qui exercent une pression anti-inflationniste sur les prix et les marges bénéficiaires et ainsi indirectement sur les salaires (les salaires monétaires et nominaux mais non pas les salaires réels et leur pouvoir d'achat).

On dit aussi souvent qu'une prime à l'emploi serait un « windfall profit » aux entreprises qui auraient augmenté leurs effectifs même sans les primes ; cela coûterait cher au gouvernement, probablement plus qu'il ne gagne grâce aux impôts payés par les nouveaux embauchés et aux économies d'assurance-chômage. C'est possible, mais les pertes et dépenses « inutiles » seraient probablement plusieurs fois plus grandes si l'on utilisait les méthodes alternatives pour stimuler l'expansion. (C'est pourquoi on n'ose pas les utiliser assez pour créer le plein emploi par égard au risque d'inflation.) L'avantage *relatif* des primes à l'emploi « pures et simples » serait clair en tout cas. Nous avons déjà observé qu'une certaine expansion fiscale et monétaire sera toujours nécessaire pour arriver à la «pleine demande». Les «dépenses inutiles» serviraient de contribution à cette augmentation de la demande.

Plus que ces arguments économiques théoriques, je crains les difficultés possibles de l'administration des lois et arrangements nécessaires pour éviter des tricheries et promouvoir l'équité entre groupes, régions et entreprises. Mais ici il faut utiliser les expériences croissantes des programmes de diverses formes de la prime à l'expansion qui sont et seront appliquées dans les divers pays. La lutte contre le chômage et pour le droit au travail de tous vaut de prendre quelques risques de ce genre.

LA SÉCURITÉ D'EMPLOI ET LE DROIT AU TRAVAIL

8

Ghislain DUFOUR

Vice-président exécutif
Conseil du patronat du Québec
Montréal

Une discussion sur la sécurité d'emploi et le droit au travail peut être une occasion de rêverie, une occasion pour nous donner une image idéale du monde sans tenir compte des contraintes de la vie vécue. Je me refuse à un exercice de ce genre. Toutes les fois que l'on veut réaliser un rêve, il y a une note à payer en quelque part et par quelqu'un. Nul régime économique n'a les moyens de se payer n'importe quoi. Aussi bien mettre dès le point de départ dans nos réflexions les contraintes et les limites de la vie vécue, afin de proposer non pas l'utopie mais des choix rationnels et réalistes. Nous donner des règles qui garantiraient la sécurité d'emploi absolue pourrait paraître un progrès social aujourd'hui, mais si l'économie ne peut supporter ces règles, nous aboutirons vite à l'insécurité généralisée. Nous n'aurions rien gagné si nos plus beaux rêves d'aujourd'hui devaient sombrer demain dans une crise économique.

Même dans une économie fermée, garantir le maintien de l'emploi sans considération des lois économiques n'aboutirait pas à un progrès social réel : au mieux, on obtiendrait un chômage déguisé, une diminution de la productivité par travailleur et une réduction des revenus réels par travailleur (donner à deux personnes le travail qu'une seule pourrait faire, oblige aussi à diviser par deux le salaire donné à chacune). Mais nous ne vivons pas dans une économie fermée : c'est là une variable dont nous devons toujours tenir compte dans une réflexion comme celle d'aujourd'hui.

L'objectif de cette courte allocution est de présenter ce que nous comprenons et acceptons de la sécurité d'emploi d'abord au plan individuel et surtout ensuite au plan collectif. Pour ce faire, nous nous limiterons au seul secteur privé, les caractéristiques du secteur public étant entièrement différentes.

Pour une certaine sécurité d'emploi

Parlons d'abord du droit au travail pour dire que le droit au travail ne peut pas avoir un sens absolu, ce qui signifierait concrètement qu'un citoyen peut exiger un travail particulier et que quelqu'un est obligé de lui procurer un tel travail.

En effet, comme employeurs, nous ne saurions accepter ni garantir le droit au travail, c'est-à-dire l'assurance pour chaque individu d'obtenir un travail qui lui convient et l'obligation pour l'ensemble des employeurs de procurer à chacun du travail. La Charte de l'O.N.U. contient une déclaration de principe sur le droit au travail. En pratique, cependant, un tel principe ne peut pas avoir de signification concrète s'il n'est pas assorti de l'obligation faite à quelqu'un ou à une organisation de fournir le travail que chaque citoyen exige. La question devient alors : « de qui un individu peut-il exiger un travail ? » Il semblerait qu'il n'y ait qu'une seule organisation qui puisse remplir une telle obligation : c'est l'État.

À partir de l'acceptation de ce principe, la plupart des pays membres de l'O.C.D.E. ont pris un engagement public et politique envers le plein emploi et ont développé des services de main-d'œuvre dont l'objet est de compléter les efforts fiscaux et monétaires pour atteindre cet objectif.

Le principe du «droit au travail», tel qu'il a été défini par l'O.N.U. et tel qu'il a été appliqué par les pays de l'O.C.D.E. depuis 1945, ne crée donc pas l'obligation à un employeur particulier d'assurer un emploi à un individu en particulier. Il ne crée même pas une telle obligation à l'État, puisqu'aucun de ces pays ne s'est considéré obligé de prendre à son emploi tous ceux qui ne trouveraient pas de travail ailleurs. Il crée seulement le devoir pour l'ensemble de la société de poursuivre l'objectif de plein emploi, en même temps qu'il crée l'obligation pour les gouvernements de détruire les barrières artificielles et discriminatoires pour l'emploi de certaines catégories de citoyens.

Puisque le droit au travail n'est pas un absolu, à plus forte raison, on ne peut pas garantir d'une façon absolue la sécurité d'emploi, c'est-à-dire, que l'on ne peut pas créer l'obligation absolue pour un employeur de maintenir un emploi pour chacun de ses employés. Par ailleurs, ce serait une déclaration générale vide de sens que de reporter une telle obligation sur l'ensemble de l'économie. L'objectif concret est donc alors de réduire le plus possible l'insécurité et non pas de proposer une sécurité d'emploi qui ne pourrait être que factice. C'est, me semble-t-il, le sens de la recommandation n° 119 de l'O.I.T. sur la cessation de la relation de travail à l'initiative de l'employeur.

Cela dit, il apparaît clairement que le refus du patronat d'affirmer un droit absolu au travail ou une sécurité absolue d'emploi vient de ce que de telles formules ou bien sont trop vagues pour avoir un

sens concret ou bien, si on veut les prendre à la lettre, conduiraient
à une impasse sociale et économique. Nous croyons qu'il est plus
réaliste (et plus compromettant aussi) de remplacer ces formules
par trop politiques par des objectifs qui ont un sens concret, à
savoir le plein emploi et une sécurité relative d'emploi. Ce sont là
des objectifs pour l'ensemble d'une société: notre devoir concret, à
la lumière de ces objectifs, c'est de coordonner les moyens dont
nous disposons pour nous en approcher le plus possible.

Examinons maintenant ce qui existe au chapitre de la sécurité
d'emploi au Québec tant au point de vue individuel que collectif et
tentons de voir quelles améliorations sont souhaitables et réalisa-
bles.

La sécurité d'emploi du point de vue individuel

Le point de vue individuel est à plusieurs égards plus important
que le point de vue collectif. En effet, l'observation directe nous
permet de dire qu'il y a plus de licenciements individuels que de
licenciements collectifs. Bien qu'ils sont moins spectaculaires, les
licenciements individuels ont ceci de grave qu'ils peuvent affecter à
tout moment tout salarié. Les licenciements collectifs sont l'effet
d'un conflit interne à une entreprise, de la désuétude d'un établissement, d'un ralentissement économique ou de quelque autre cause
de ce genre. Au contraire, des licenciements individuels existent
dans tous les genres d'entreprises, même dans les entreprises en
pleine santé, et ils touchent aussi bien des cadres que des exécu-
tants, des syndiqués aussi bien que les autres.

Les licenciements individuels ont des causes multiples et peuvent être justifiés soit par l'attitude d'un employé, soit par les exigences d'une tâche. Mais ils peuvent aussi être arbitraires. C'est, bien

évidemment, vis-à-vis des licenciements arbitraires que la législation doit imposer des règles sévères, des contrôles et, le cas échéant, un droit d'appel. (Dans le cas de licenciements pour cause, il reste aussi à préciser la responsabilité de l'employeur: préavis, prime de séparation, etc.)

Ce qui existe au Québec

Quelles sont les mesures existant au Québec et qui visent la sécurité individuelle d'emploi?

Très brièvement, en voici les principaux éléments:

le code civil par l'article 1668 oblige l'employeur à donner à l'employé un avis de licenciement avant le fait; l'avis doit précéder le congédiement d'un temps égal à la durée normale d'une période de paye;

la Charte des droits et libertés de la personne prohibe toute discrimination dans l'embauche, la promotion, le licenciement, etc.;

le Code du travail prohibe tout licenciement pour cause d'activités syndicales;

le Code du travail consacre la sécurité des grévistes ou des salariés victimes de lock-out dans leur emploi une fois le conflit terminé;

le Code du travail minimise, sous certaines réserves, l'effet de l'atelier fermé;

la loi 101 prohibe le licenciement pour raison de langue;

le projet de loi n° 9 protégerait un salarié qui devient handicapé en cours d'emploi, à certaines conditions que la nouvelle version de ce projet devra préciser;

les conventions collectives contiennent un certain nombre de mesures personnelles de protection de l'emploi et du revenu en cas de licenciement.

Ce qu'on pourrait envisager

Ces quelques exemples montrent bien que l'histoire du travail au Québec a bel et bien été marquée par la volonté de protéger l'individu contre un licenciement injustifié, ou de minimiser les effets d'un licenciement inévitable.

Il est évident, par contre, que les lois qui se sont accumulées au cours des années pour répondre à des problèmes particuliers, la jurisprudence, les clauses généralement admises dans les conventions collectives importantes et les coutumes, ne donnent pas un ensemble de mesures parfaitement cohérent et satisfaisant dans tous les cas.

À notre avis, l'idée d'une loi définissant les «conditions minimum de travail» pourrait être une belle occasion de transcrire dans les lois générales ces droits concrets que l'histoire et la coutume ont graduellement définis. Ce pourrait être aussi une occasion d'arriver à une plus grande uniformisation et à plus de rationalité. Mais les données fondamentales d'une telle définition des «conditions minimum de travail», dans laquelle on trouvera naturellement les règles protégeant contre le congédiement arbitraire, doivent être trouvées par l'analyse de ce qui est souhaitable parmi les choses qui se font généralement dans les parties les plus saines de notre système économique. De cette façon, on évitera de légiférer pour imposer l'impossible.

En plus de regrouper et de préciser dans un même ensemble législatif les règles existant déjà, on pourrait aussi les compléter par des mesures sur les congés de maternité et sur les cas des salariés victimes d'accidents de travail. À propos des préavis de licenciement, nous avons déjà indiqué notre accord avec une partie des recommandations du rapport Castonguay portant sur les avis de départ au sens du Code civil.

De plus, il me semble qu'il serait tout à fait justifié de chercher une formule donnant un droit d'appel à un employé victime d'un licenciement individuel, aussi bien dans le cas d'un employé-cadre que dans celui d'un salarié au sens du Code du travail. À titre d'hypothèse, je proposerais pour ma part qu'un tel appel se fasse devant le Tribunal du Travail et qu'il porte exclusivement sur les mesures compensatoires, mais non pas sur la réintégration.

Finalement, nous reconnaissons que les cas de faillite représentent une difficulté particulière. À cet égard, nous acceptons l'idée d'un fond d'indemnisation des travailleurs victimes d'une faillite, tel que le rapport Castonguay l'a proposé. Nous croyons également que l'on devrait du côté patronal, étudier sérieusement la possibilité que les salariés impliqués dans une faillite soient des créanciers privilégiés jusqu'à concurrence de $2 000, et non de $500 comme actuellement.

La mise en pratique de ces quelques idées permettrait, croyons-nous, d'améliorer grandement la situation dans le cas de licenciements individuels. Reste alors à examiner le cas des licenciements collectifs.

La sécurité d'emploi du point de vue collectif

Plus spectaculaires et plus chargés d'émotivité, les licenciements collectifs sont habituellement la conséquence de la fermeture complète ou partielle d'un établissement. Ces cas sont évidemment ceux qui provoquent des débats publics et c'est surtout vers eux que les efforts ont été dirigés dans les pays industrialisés.

Ce qui existe au Québec

Vis-à-vis de ce problème, il faut reconnaître d'abord que nulle société industrielle reconnaissant à ses citoyens une liberté réelle d'action dans leur vie économique, ne peut disposer de mécanismes efficaces dans tous les cas pour éviter les licenciements collectifs ou pour annuler les effets de tels licenciements par un reclassement automatique des travailleurs. En fait, les programmes d'aide pouvant s'appliquer dans le cas d'un licenciement collectif dont les causes seraient proprement économiques — fermeture d'une usine non rentable, par exemple — doivent viser deux objectifs : premièrement, protéger les intérêts des salariés au moment du licenciement (avis, paiement des sommes dues, primes diverses selon les conventions collectives, etc.) ; deuxièmement, aider les travailleurs à trouver un nouvel emploi.

Pour atteindre le premier objectif, il y a d'abord les mêmes mesures qui s'appliquent au licenciement individuel. En plus, la convention collective peut comporter des clauses particulières à ce sujet. Mais le problème spécifique que pose le licenciement collectif — une fois admis que la cause du licenciement est proprement économique et irréversible —, c'est celui du reclassement des travailleurs. À ce sujet, il est évident que la convention collective ne peut pas jouer un rôle important, pas plus d'ailleurs que les lois et règlements dont nous avons parlé à propos des licenciements individuels.

Le problème que posent les licenciements collectifs ne peut trouver de solution satisfaisante que dans le cas d'une économie dynamique. La faillite du magasin Dupuis de Montréal est dramatique pour les travailleurs du commerce quand elle survient à la fin d'une année où les investissements dans le secteur commercial ont connu, à Montréal, une chute de 52% par rapport à l'année précédente qui était déjà faible. On voit facilement, par contre, que les

effets du même événement se seraient résorbés en quelques mois si
le commerce de détail à Montréal avait été, par ailleurs, en période
de forte expansion.

Ce qu'on pourrait envisager

La question fondamentale en est une de création d'emplois —
création d'emplois productifs et permanents — c'est-à-dire, en somme, une question de dynamisme économique. Les programmes de
recyclage et de reclassement de la main-d'œuvre sont des outils
nécessaires, en pareil cas, mais il faut d'abord que l'économie crée
des emplois nouveaux avant de penser à classer des travailleurs
dans ces emplois nouveaux.

Selon tous les commentaires que nous entendons — et c'est
bien aussi notre avis dans la mesure où nous pouvons nous fier à
notre connaissance empirique et partielle de ces programmes et
services — les programmes de reclassement des travailleurs et les
services de main-d'œuvre en général au Québec ne sont pas à la
hauteur de leur tâche. Nous n'attendons pas de ces services qu'ils
fassent fonctionner l'économie, mais ils sont nécessaires comme
services aux individus et pour assurer une coordination interindus-
trielle ou interrégionale. Nous devons ici répéter une position qui est
nôtre depuis nombre d'années : le gouvernement du Québec doit se
doter d'une véritable politique de la main-d'œuvre.

Dans un tel esprit, nous serions facilement d'accord avec nombre de propositions qui ont été faites aujourd'hui visant à fournir
une base plus cohérente à l'ensemble de la politique de la main-
d'œuvre, à nos programmes de reclassement des travailleurs en particulier. Notamment, la suggestion de monsieur Jean Sexton de
créer un fonds général en vue de défrayer des opérations spéciales

en cas de licenciements colletifs, mérite sûrement d'être analysée en détail. Mais, surtout, nous retenons cette idée qu'une nouvelle stratégie de reclassement devra être plus préventive que curative et qu'à ce titre, le ministère de l'Industrie et du Commerce a un rôle majeur à jouer.

Cette idée, d'ailleurs, rejoint tout à fait le cadre dans lequel nous avons voulu situer le problème des licenciements collectifs. Il n'y a pas de solution satisfaisante aux licenciements collectifs, et, en général, il n'y a pas de garantie sérieuse de sécurité d'emploi, si ce n'est les solutions et les garanties que donne une économie dynamique. À long terme, ce sont les actions provoquant les investissements productifs et améliorant la productivité qui sont les vrais garants de la sécurité d'emploi.

Nous savons bien que l'évolution économique se fait par des ajustements qui sont parfois durs à porter pour les individus, même si les problèmes provoqués par ces ajustements sont temporaires. C'est pourquoi, nous croyons à la nécessité des politiques de l'État visant à assurer aux citoyens la continuité de leurs revenus. À ce sujet, nous en sommes venus à souscrire, il y a déjà quelques années, à l'idée de la sécurité du revenu par un impôt négatif. Tout nous laisse croire qu'une telle formule coûterait moins cher que tous les programmes isolés d'assistance sociale existant présentement. Cependant, s'il est vrai qu'« il n'y a rien de pire que de payer un homme à rien faire », nous continuons à affirmer que les politiques économiques et les politiques de main-d'œuvre doivent viser autant l'offre que la demande de main-d'œuvre. C'est le défi que doivent relever aujourd'hui tous les pays industrialisés.

Réal MIREAULT

Président
Office de la construction du Québec
Montréal

Il sera question dans les propos qui vont suivre de la sécurité d'emploi et du droit au travail dans le contexte du secteur de la construction, secteur qui est très différent de tous les autres, sur tous les aspects des relations du travail. Différent par son régime de relations du travail unique, soit celui de la négociation sectorielle, par son pluralisme syndical, par l'adhésion syndicale obligatoire des salariés, par son association patronale unique qui s'occupe exclusivement de relations du travail, par l'adhésion obligatoire des quelque 20 000 employeurs à cette association; différent aussi par sa convention de travail unique établissant des conditions de travail semblables pour tout le Québec et par l'extension de celle-ci en décret.

La sécurité d'emploi et le droit au travail. Voilà bien deux notions qu'il convient de rapprocher en raison de leur incidence réciproque. Toutefois, nous verrons que dans l'industrie de la construction, un lien particulier unit ces deux notions. Chacune garde la même définition; cependant, c'est l'industrie de la construction qui, en elle-même, se distingue de toute autre industrie. En deux mots, le salarié de la construction peut difficilement acquérir la sécurité d'emploi par rapport à un employeur mais plutôt par rapport à une industrie, et il en va de même pour son droit au travail qui se définit en fonction de l'appartenance à une industrie plutôt qu'à une entreprise. Ici, je parle de l'aspect pragmatique du droit au travail.

Dans son *Dictionnaire canadien des relations du travail*, monsieur Gérard Dion définit la sécurité d'emploi comme la «garantie

pour un travailleur de conserver son emploi au sein d'une organisation, lorsque sont réalisées certaines conditions. Généralement, un
travailleur obtient sa sécurité d'emploi après une période de travail
plus ou moins longue». Cette définition s'applique à la sécurité dans
un emploi puisqu'il est question de conserver son emploi dans une
organisation. Dans l'industrie de la construction, il faut plutôt parler
de sécurité dans l'emploi. Alors, en reprenant la définition de monsieur Dion, l'on pourrait dire que la sécurité dans l'emploi, c'est la
garantie pour un travailleur de toujours avoir du travail dans l'industrie de la construction. Cela s'explique.

Insécurité d'emploi

Dans l'industrie de la construction, un salarié peut fréquemment changer de lieu de travail. Ces changements vont jusqu'au
passage fréquent d'un employeur à un autre.

Ceci est non seulement courant, mais normal dans l'industrie
de la construction. De même, il peut changer d'employeur à chaque
fois qu'un chantier se termine, ce qui peut se produire plusieurs fois
par année.

Les autres industries voient fréquemment leurs salariés demeurer vingt ans à l'emploi d'un même employeur sans changer d'usine,
ni même de travail. Cet état de chose est plutôt rare dans l'industrie
de la construction. Dans l'industrie de la construction, un salarié
peut être présent seulement lors de la phase préliminaire des travaux, ou seulement à la phase finale. Cela peut tenir au fait que le
métier qu'il exerce n'est impliqué que dans une phase des travaux.
Ainsi, un monteur d'acier de structure participe à la réalisation des
travaux qui correspondent au métier qu'il exerce. Lorsque ceux-ci

sont terminés, il reste encore beaucoup à faire pour terminer le chantier, mais ses services ne sont plus requis.

Par ailleurs, un salarié peut exercer un métier comme celui de charpentier-menuisier, qui se retrouve à toutes les phases de construction d'un bâtiment. Toutefois, ce salarié peut ne participer qu'à la réalisation du gros œuvre, ignorant les techniques de son métier en regard des travaux de finition. Aux difficultés inhérentes à la nature de l'industrie de la construction peut s'ajouter le manque de polyvalence professionnelle dans certains cas.

Si ces salariés sont chanceux, une fois leur travail terminé sur un chantier, ils pourront se trouver du travail pour le même employeur qui aura planifié l'utilisation de leurs services sur un autre chantier. Cependant, la plupart du temps, ils devront quitter leur employeur ou se mettre à la recherche d'un nouvel emploi. Sachant que plusieurs métiers connaissent habituellement des surplus de main-d'œuvre, leurs chances de se trouver rapidement un autre emploi sont minces. C'est d'ailleurs pourquoi le chômage intermittent, ou chômage entre deux chantiers, constitue l'une des principales causes de chômage pour les salariés de la construction.

Voilà donc comment se manifeste généralement l'insécurité d'emploi pour un salarié. Sans compter que l'industrie de la construction connaît une instabilité cyclique et saisonnière faite de booms et de dépressions d'une ampleur peu commune, et de ralentissement considérable de l'activité au cours de l'hiver, entraînant un chômage cyclique et saisonnier important.

Les moyens pour assurer la sécurité dans l'emploi

Depuis 1969, de nombreuses tentatives d'approche de la sécurité d'emploi ont été essayées. Les réformes proposées ont été boudées par la plupart des parties patronales et syndicales. Le boycottage systématique allié au manque de données de base suffisantes et au manque de préparation a eu pour résultat de faire avorter graduellement le système. De son côté, le gouvernement, jusqu'à tout récemment, n'a jamais manifesté une volonté politique suffisante pour assurer la sécurité d'emploi, pas plus qu'il ne s'est employé à définir une politique globale de services de main-d'œuvre.

Cependant, l'expérience du passé a tout de même permis l'accumulation d'informations et de données qui aujourd'hui permettent une analyse plus serrée de l'industrie de la construction. Il ne reste plus qu'à espérer que le plan de sécurité d'emploi de l'O.C.Q. ne rencontre pas les résistances du passé. Voici comment l'O.C.Q. propose d'amener la sécurité d'emploi.

Si nous considérons l'élimination du seul chômage intermittent pour assurer la sécurité dans l'emploi aux salariés de la construction, trois actions sont à envisager. Premièrement, il nous faut tenter de réduire la population de la construction. Deuxièmement, il faut améliorer les mécanismes de placement et troisièmement, il faut accroître la polyvalence des salariés de la construction. La conjonction de ces moyens permettrait sans doute d'assurer la stabilité dans l'emploi dans l'industrie de la construction.

Cela rejoint les conclusions auxquelles en est arrivé l'O.C.Q., qui publiait en juin 1976, une politique des services de main-d'œuvre pour l'industrie de la construction. Cette étude trace le plan d'une action complète visant à régulariser le marché du travail dans l'industrie de la construction. Pour ce faire, il faut agir à la fois sur l'offre, la demande et le placement.

Le Règlement de placement de l'O.C.Q. concrétise les propos tenus dans la politique à ce sujet. Il y a deux semaines, l'O.C.Q.

publiait une étude intitulée «La stabilisation de la construction au Québec» qui propose une série de moyens de régulariser la demande. Il reste à venir une autre étude sur l'offre, qui contiendra des mesures susceptibles d'améliorer la formation et la qualification professionnelles, en particulier au chapitre de la polyvalence professionnelle des salariés. La politique des services de main-d'œuvre pour l'industrie de la construction, et les travaux qui en découlent devront à leur tour s'intégrer dans la politique générale des services de main-d'œuvre que définira le gouvernement.

Donc, je le répète, l'O.C.Q. possède suffisamment d'informations pour permettre de tendre vers la stabilisation de cette industrie, et partant, concrétiser le droit au travail en assurant une véritable stabilité d'emploi aux salariés de la construction. La première mesure sur la voie de la sécurité d'emploi est sans contredit celle de la réduction du surplus de main-d'œuvre de la population de la construction.

Quelques chiffres pour le démontrer. Depuis quelques années, l'industrie de la construction voit passer quelque 150 000 salariés chaque année. Au plus fort de l'activité estivale, alors que toutes les entreprises fonctionnent à plein rendement, il se trouve environ 100 000 salariés au travail dans l'industrie de la construction. Ceci nous donne une idée du surplus de main-d'œuvre qui existe. Continuer de les employer contribue à réduire la sécurité d'emploi et de revenus des véritables salariés de la construction. C'est à la lumière de ces données que l'O.C.Q. a déterminé dans son Règlement de placement des mesures de stabilisation de la population de la construction, au niveau de ses besoins réels. Ainsi, le Règlement de placement prévoit la délivrance d'un certificat de classification prioritaire aux véritables salariés de la construction. Ce certificat déterminera, à compter du 1er juillet prochain, une priorité d'embauche, à ces salariés dont la présence prolongée au cours d'une année dans la construction, démontre qu'ils veulent faire carrière dans cette industrie. C'est là, à notre avis, un premier pas sur la voie de la sécurité d'emploi telle qu'elle peut se présenter pour un salarié de la construction.

Un second moyen d'assurer la sécurité d'emploi aux salariés de la construction consiste en l'amélioration des mécanismes de placement. L'Office de la construction du Québec possède par son Règlement sur le placement des salariés de la construction, l'outil de premier ordre pour améliorer ces mécanismes de placement. Il permet l'essentiel de toute opération de placement, soit la rencontre de l'employeur et du salarié. Cette rencontre ne peut effectivement s'effectuer sans un mécanisme conçu à cette fin. Comment un employeur « X » pourrait-il savoir autrement que par un système d'information efficace, qu'un salarié « Y » répond à son besoin de main-d'œuvre, si la disponibilité du salarié est inconnue de l'employeur, et si le salarié ignore le besoin de l'employeur?

Le Règlement de placement répond à cette attente. Il prévoit que l'employeur devra communiquer à l'O.C.Q. toute embauche ou toute mise à pied qu'il effectue. L'O.C.Q. enregistrera ces informations, qu'il pourra livrer sur demande à l'employeur en lui assurant la main-d'œuvre compétente grâce au recensement de tous les salariés de l'industrie de la construction.

Un troisième moyen d'assurer la sécurité d'emploi aux salariés de la construction repose sur la révision de sa formation, de manière à le rendre plus polyvalent. Combien de salariés se voient privés d'un emploi du simple fait qu'ils n'ont l'expérience que des travaux de finition d'un chantier, et qui plus est, que cette expérience s'applique uniquement aux chantiers de type domiciliaire. Ce serait un service à rendre à l'industrie, à l'employeur et au salarié que d'augmenter la polyvalence d'un salarié.

Ainsi, ce dernier pourrait conserver son emploi plus longtemps pouvant être affecté à toutes les phases de réalisation d'un projet. Advenant sa mise à pied, il pourrait également postuler un emploi dans plus d'une spécialité de son métier.

D'autres mesures s'imposent pour assurer la sécurité d'emploi aux salariés de la construction. Elles sont longuement illustrées dans une étude menée par le service de la Recherche de l'O.C.Q. qui vient d'être publiée. Cette étude sur la stabilisation de la construction au Québec tient l'instabilité cyclique et saisonnière et le chômage intermittent principalement responsables des difficultés qui assaillent cette industrie et qui partant, nuisent à la sécurité d'emploi de ses salariés.

L'Office de la construction du Québec estime qu'un grand pas aura été accompli lorsque le secteur public, qui commande à lui seul environ 40% des travaux de construction réalisés au Québec, s'appliquera à coordonner la réalisation de ces travaux. Il s'ensuivra à coup sûr un effet d'entraînement pour le secteur privé. C'est une des propositions contenues dans l'étude de l'O.C.Q. sur la stabilisation de la construction afin de diminuer l'instabilité cyclique: une autre mesure relative à l'instabilité cyclique consisterait à faire intervenir la Caisse de dépôt et placement du Québec sur le marché hypothécaire domiciliaire lorsqu'il y a pénurie de fonds hypothécaires privés. La réduction de l'instabilité saisonnière appelle également une série d'interventions dont les principales consisteraient à forcer la poursuite normale des travaux de construction publique en hiver et à concentrer l'exécution des travaux d'entretien, de réparation et de rénovation en hiver également.

Lorsque toutes ces mesures seront réalisées, nous serons sans doute parvenus alors au seuil de la stabilité d'emploi dans la construction, et partant, à celui de la sécurité du revenu, la première accompagnant nécessairement la seconde. C'est alors, et alors seulement, qu'à la lumière de l'expérience acquise, on pourra atténuer les derniers méfaits de l'instabilité de la construction, en cherchant des formules appropriées d'ancienneté et de revenu garanti.

Marcel PEPIN

Conseiller spécial à la Confédération des syndicats nationaux
Président de la Confédération mondiale du travail
Montréal

Depuis longtemps en Occident, on n'a autant senti de bouleversements des structures économiques. Jamais comme aujourd'hui dans les pays industrialisés du monde capitaliste, la classe ouvrière n'a été attaquée sur autant de fronts à la fois par ce qu'il est convenu d'appeler la « crise ». Jamais comme aujourd'hui les travailleurs québécois n'ont porté un si lourd fardeau même comparé à leurs camarades du reste du Canada.

Lorsque c'était l'inflation qui dominait la scène et rognait le pouvoir d'achat des travailleurs, on accusait volontiers ces derniers de stimuler l'inflation par leurs demandes, aussi n'a-t-on pas hésité à leur imposer des contrôles sur les salaires afin de permettre une meilleure marge de profits aux entreprises qui, elles, étaient immunisées dans la pratique contre les interventions de l'État sur les prix.

Comme on pouvait s'y attendre, les travailleurs en ont été quittes pour une réduction de la croissance de leurs revenus alors que les prix qu'ils devaient affronter tous les jours n'avaient pas cessé de monter.

Maintenant, c'est une vague de récession qui frappe les travailleurs et qui s'exprime par des fermetures d'usines, des mises à pied, des coupures de postes dans les services publics. Encore là, les responsables présumés seraient les travailleurs, du moins c'est ce que l'on voudrait bien nous faire croire. Les travailleurs seraient trop combatifs, gagneraient trop cher pour que la concurrence contre les industries du Tiers Monde ou encore celle des U.S.A. ne puisse être supportée. Voilà de bien drôles d'argumentations que d'accuser les victimes d'être responsables de leurs malheurs. Et pourtant, il ne manquera pas de politiciens, de représentants du patronat ou encore d'économistes pour nous offrir en guise d'explication cette simplification de la réalité.

Il n'est donc pas de mon propos de verser dans le travers dont je viens de dénoncer le simplisme et le parti pris. J'aimerais quand même, avant d'entrer dans le cœur du sujet, y aller de certaines réflexions, entre autres sur les structures de l'économie dite de marché qu'est l'économie capitaliste.

Les structures de l'économie capitaliste

Deux phénomènes ont conjointement expliqué le dynamisme de cette économie. D'abord la tendance à la concentration du capital, basée sur l'accumulation par les profits. Cette tendance a permis de mettre au monde les monstres anti-sociaux que sont les multinationales, ce phénomène prenant de l'ampleur après la guerre. Débordant très vite le cadre des frontières politiques restreignantes, ces concentrations de capital ont rationalisé leur comportement sur une base internationale. Cette dynamique de l'économie a entraîné une mobilité constante, une perpétuelle réorganisation du capital que l'on a d'ailleurs plus facilement reconnue dans les moments de récession. Toujours est-il que les pouvoirs politiques des nations dominantes et de certaines organisations internationales (F.M.I.) ai-

dant, on a tôt fait de constater la tendance dominante à la spécialisation internationale de la production, facilitée, voire même stimulée
par l'abaissement systématique des barrières tarifaires. (Kennedy
Round, Tokio Round, GATT). C'est un secret de polichinelle que,
parallèlement on assistait à la montée des barrières non-tarifaires.

Cette dynamique a été entrecoupée de crises qui ont permis
d'ajuster avantageusement pour le capital les règles du jeu autant au
niveau international qu'aux niveaux nationaux. C'est ainsi que des
politiques de contrôle des salaires apparurent au même moment
dans plusieurs pays occidentaux en vue d'améliorer la position concurrentielle de ces pays, disait-on. C'est ainsi aussi qu'une certaine
rage des subventions a provoqué une escalade entre les gouvernements en vue de s'arracher les projets d'expansion ou d'investissements que le capital étranger pouvait projeter.

Ces crises sont des moments de cahot (récession-dépression)
où les règles du jeu se modifient compte tenu des bouleversements
qu'elles créent. Elles permettent des bonds en avant dans le processus de concentration du capital, mais surtout des reculs pro-
noncés pour la classe ouvrière.

La récession commencée en '73-'74 dans la majorité des pays
occidentaux n'est pas encore terminée, malgré une certaine reprise
de l'activité économique observée au début de 1976 dans les pays
de l'O.C.D.E. En effet, ce rythme de croissance n'a été que de
courte durée, la plupart des pays s'accommodant de plans de relan-
ce assez modestes, craignant de nouvelles tensions inflationnistes.
Dans ce contexte de ralentissement général, le marché du travail a
subi d'importants contrecoups. Les taux de chômage progressent à
la hausse dans la majorité des pays occidentaux ; on assiste partout
à de nombreuses fermetures d'usines.

Au Canada, et particulièrement au Québec, la situation est assez pénible. La croissance de la population active est plus forte que celle de l'emploi total. La différence entre la croissance de ces deux variables, pendant la période de '73 à '77 est plus prononcée au Québec qu'au Canada. Le résultat de leur évolution est un fort taux de chômage, particulièrement au Québec.

TABLEAU 1

CROISSANCE DE LA POPULATION ACTIVE ET DE L'EMPLOI TOTAL
1973-1977

	CANADA	*QUÉBEC*
Croissance de la population active	3.3%	2.7%
Croissance de l'emploi total	2.6%	1.7%

TABLEAU 2

ÉVOLUTION DES TAUX (%) DE CHÔMAGE, QUÉ., CAN., '73-'78

	1973	*1974*	*1975*	*1976*	*1977*	*Janv. 78*	*Fév. 78*
Québec	6.8	6.6	8.1	8.7	10.3	11.4	10.9
Canada	5.6	5.4	6.9	7.1	8.1	8.3	8.3
Écart	1.2	1.2	1.2	1.6	2.2	3.1	2.6

Source: Stat. Canada.

Parmi les effets les plus évidents de cette crise, on observe donc la présence conjointe d'un fort taux de chômage et d'un haut taux d'inflation des prix, le tout dans la perspective récente d'une chute de 15% environ du dollar canadien par rapport aux monnaies étrangères fortes et de 11% par rapport aux U.S.A. Cela donnerait-il un sursis aux exportations canadiennes, mais ne règlera pas le problème de l'augmentation des prix surtout en ce qui concerne les produits importés.

Impossibilité de civiliser le capital
dans la structure économique actuelle

Les fermetures d'usines et les mises à pied massives deviennent des faits divers tellement elles se répètent. Devant la cruelle logique de ce système, je ne crois pas que l'on puisse civiliser le capital dans la structure économique actuelle. Les détenteurs de capitaux, petits, moyens et gros, ont trop de fois fait la preuve de la menace réelle ou appréhendée qu'ils constituaient. Des bénéfices à court terme, ou l'exploitation abusive de nos ressources naturelles dans une courte période ont pu créer l'illusion pour certains, qu'une relative notion de bien-être pouvait être compatible avec la loi du capital, mais aujourd'hui la situation est pour le moins éclatante. Les autruches ont tort! Ce n'est certes pas une médecine social-démocrate qui pourra soigner ce défaut de naissance de notre système. Il y a longtemps que le mouvement ouvrier, et particulièrement la C.S.N., est porteur d'un projet de société qui répondrait à d'autres règles que celle du profit maximum en vue de son accumulation.

Trop de monstruosités politiques sont nées des exigences de cette logique du capital, particulièrement en Amérique du Sud, entre autres. Le Québec, cependant, me suffira pour démontrer combien le système actuel, lorsque associé à notre incurie politique a pu agresser aussi systématiquement la classe ouvrière.

L'aggravation récente du taux de chômage s'explique d'abord par la forte hausse de la main-d'œuvre et la faible croissance de l'emploi. Par ailleurs, certains secteurs industriels sont davantage touchés par la conjoncture économique mondiale, tels les industries de la chaussure, du textile, du vêtement, de la bonneterie et du meuble. L'importance de la place qu'occupent ces industries au Québec n'est plus à démontrer. Cela se traduit donc par une perte substantielle d'emplois qui est beaucoup plus importante au Québec qu'au Canada.

Des 34 000 emplois perdus environ en 1977 dans le secteur manufacturier québécois, 60% provenaient des cinq secteurs industriels mentionnés plus haut. En 1976, les pertes de ces cinq industries se chiffraient à plus de 15 000 emplois.

Ces hauts niveaux de chômage impliquent des coûts sociaux et personnels énormes pour les québécois. Depuis 1973, le taux de chômage au Québec a évolué à la hausse tous les ans pour passer de 6.8% à 10.3%.

L'écart entre les taux de chômage du Canada et du Québec s'est élargi passant de 1.2% en '73 à 2.2% en '77. De plus, c'est au Québec que le taux de chômage des jeunes (moins de 25 ans) est l'un des plus élevés au Canada, soit 20.8% en janvier '78.

Le taux de croissance annuel des immobilisations dans les secteurs de la fabrication durant la période '73-'77 est beaucoup plus élevé au Canada qu'au Québec, soit 14.7% comparé à 10.5%. En termes réels, soit dégonflé à l'aide de l'indice implicite des prix de la formation brute de capital fixe du secteur manufacturier canadien, la situation est tout autre : la croissance annuelle est passée à 2.1% pour le Canada, tandis que celle du Québec devient négative avec moins 1.7%.

Nous apprenions récemment « qu'alors qu'au Québec les immobilisations atteignaient un sommet en 1974, soit $8.9 milliards dont 1.3 millard dans le secteur de la fabrication, l'apport étranger d'argent frais, toujours sous forme d'investissements directs, peut être évalué entre $120 et $150 millions, ce qui est très minime. C'est donc dire que les étrangers apportent une part de plus en plus faible des capitaux nécessaires à la réalisation de leurs projets au Canada.

TABLEAU 3

IMMOBILISATIONS DU SECTEUR MANUF. ET ÉVOLUTION PAR ANNÉE
CANADA, QUÉBEC. (EN $ COURANTS)

	1973	1974	1975	1976	1977	1977/73
	en millions de dollars					
Québec	940.2	1 343.8	1 373.1	1 105.2	1 399.9	10.5%
Canada	3 668	4 950	5 521	5 272	6 353	14.7%
Canada sans Qué.	2 728	3 606	4 148	4 167	4 953	16.1%
Qué./Can.	25.6%	27.2%	24.9%	21.0%	22.0%	
	(en $ constants) 1961 = 100					
Québec	630.7	776.8	690.0	511.7	588.2	−1.73%
Canada	2 460	2 861	2 774	2 441	2 669	2.06%

Source: Aperçu de la situation économique au Qué. en '77.

Ils se financent sur place auprès de nos institutions et à même nos épargnes».

Et voilà pour le mythe des investissements étrangers. On ne devra donc pas se formaliser d'apprendre à travers le rapport Descoteaux, du nom du nouveau sous-ministre du M.I.C., que les investissements dit étrangers ne s'intègrent à peu près pas à notre structure industrielle, voire même la débalancent.

À noter que les hauts dirigeants de ces entreprises étrangères au Québec ne sont qu'à 33.4% originaires du Québec[1]. Sur le plan de la langue, «les Anglo-saxons occupaient presque majoritairement (48.3%) les postes du capital étranger tandis que les canadiens-français étaient encore plus fortement minorisés que dans le capital intérieur».

---

[1] SALES, Arnaud, Le groupe ce recherches sur les élites industrielles, p. 220.

Pour terminer cette feuille de route, je ne ferai que mentionner le haut niveau de pollution et de détérioration de l'air et de l'eau au Québec, avec tous les coûts sociaux que cela ne manquera pas d'entraîner. Inutile de rappeler quelles en sont les causes majeures. C'est dans cette même veine que les ressources naturelles non-renouvelables comme le minerai sont devenues, aux mains du grand capital, épuisées dans plusieurs cas. Certaines ressources normalement renouvelables sont déjà en voie de devenir non-renouvelables par les pratiques abusives d'exploitation.

Incurie et timidité des pouvoirs politiques

Devant ces lois du capital que nous voyons à l'œuvre depuis longtemps, nos pouvoirs politiques ont été et sont encore complices par leur incurie ou leur timidité. Personne ne peut plaider l'ignorance, et pourtant nous n'offrons aucune résistance. Je ne parle pas ici de renverser le système, comme certains me le reprocheront sans doute, mais d'offrir une protection minimale à la classe ouvrière québécoise.

Je voudrais illustrer davantage ce point. La sécurité d'emploi et le droit au travail des travailleurs québécois, cela n'existe pas. Wayagamac est fermée. Power Corporation en a ainsi décidé. Domtar fait chanter gouvernement et travailleurs à East Angus. Gulf en fait autant à Shawinigan.

Il faut aussi avoir en tête le vieillissement de certaines installations manufacturières au Québec, ce qui entraînera de nouvelles mises à pied même si la dévaluation du dollar canadien pourra nous donner un sursis dans certains domaines. Je dois aussi rappeler, même si cette information a été catégoriquement niée par le ministre des finances, M. Jacques Parizeau, la visite récente et surtout discrète de banquiers américains au Québec venus pour annoncer qu'ils pourraient de façon concertée, mettre sur le marché la totalité des obligations du Québec qu'ils détiennent.

Comment sommes-nous placés devant les négociations du G.A.T.T.? Faut-il ou non y participer? Laquelle des options nous permettrait de perdre le moins d'emplois?

Quelle sera la conséquence sur l'emploi de la présence de plus en plus grande des multinationales dans certains secteurs « mous » comme le cuir et les textiles où la part de celles-ci est passée de 5 à 25% de 1961 à 1973?

Comment pourrions-nous sortir des crises dans le secteur tertiaire comme dans l'hôtellerie et le commerce? Faible taux d'occupation des hôtels à Montréal, faillite du Howard Johnson — fermeture de Dupuis & Frères.

En plus, le coup des « sièges sociaux » apparaît. Une importante compagnie d'assurances fait le trafic de notre épargne et menace de quitter le Québec.

De quelques mesures visant à protéger les travailleurs

Ce que je dis n'est pas toute la réalité — il y en aurait encore à dire — mais c'est sûrement suffisant pour dire aux timides qu'il est temps de protéger les travailleurs québécois un tant soit peu des effets de la crise. Celle-ci ne sera pas résorbée pour autant mais au moins les effets de celle-ci seront moins graves pour les travailleurs si les mesures suivantes étaient adoptées:

La nationalisation de l'épargne

Notre masochisme économique qui consiste à fournir aux marchés extérieurs des capitaux que nous irons ensuite emprunter sous forme d'obligations avec de fort taux d'intérêt a assez duré, surtout lorsqu'on nous fait certains chantages. La cote «A» au tableau d'honneur de Wall Street nous a suffisamment coûté cher. Il serait plus convenable de payer ces intérêts au Québec, aux travailleurs québécois.

Le Gouvernement québécois devrait légiférer dans le sens de :

— prendre en charge toutes les assurances par une régie d'État — sans faire de compromis comme dans le cas de l'assurance-automobile — et l'argent administré par la Caisse de dépôts et de placements ;

— une meilleure couverture de tous les travailleurs par le régime de rentes public ;

— l'administration des régimes de rentes supplémentaires par la Caisse de dépôts et de placements ;

— une modification du rôle de la Caisse de dépôts pour s'assurer que celle-ci investisse dans les secteurs prioritaires du Québec.

Création d'un organisme permanent anti-fermetures

Le rôle de cet organisme serait de détecter hâtivement les entreprises en difficulté ou en difficulté appréhendée. Il serait un signal d'alarme que pourrait déclencher soit l'entreprise, les travailleurs de l'entreprise, la communauté (ses représentants) où l'entreprise fonctionne, le gouvernement ou encore l'organisme anti-fermetures lui-même. Le signal déclenché constituerait une demande d'enquête à laquelle devrait procéder l'organisme sur la base de doutes émis par l'un des groupes concernés. Ces doutes pourraient reposer sur des indices comme : un marché détérioré, le vieillissement des installations, des périodes plus ou moins longues sans investissements, des sections de production qui ferment, des mises à pied, des variations importantes de la monnaie, une vieille technologie, une nouvelle technologie, une nouvelle législation (caractère toxique de l'amiante) ou des problèmes administratifs.

L'organisme ainsi saisi d'une demande d'enquête devra dans un certain délai, émettre un diagnostic, proposer publiquement des recommandations et assurer un suivi sur l'exécution de ses recommandations. Cet organisme serait techniquement et administrativement dirigé par des représentants du gouvernement et des représentants des travailleurs organisés et de la population.

Divulgation des informations financières

S'il est un domaine où nous sommes, pour paraphraser le premier ministre dans le dernier discours du Trône, le « wagon de queue », c'est bien au niveau de la divulgation des informations financières. Toute fonction de surveillance par le gouvernement et la population de la santé des entreprises est impossible si la population n'a pas accès au minimum de données sur ces entreprises et ce, tout le temps. Voilà une excellente occasion de mettre fin à l'archaïque (1932) Loi des compagnies du Québec pour la remplacer par une loi un peu plus d'époque garantissant la divulgation financière complète au public de toutes les entreprises en opération sur le territoire.

À quoi servirait-il au ministre Rodrigue Tremblay du M.I.C. de souhaiter (Éconothèque, de Radio-Canada, 13 : 00 hres, samedi le 11 mars 1978) la participation des travailleurs à la gestion de leurs entreprises si ces derniers n'avaient pas préalablement, avec le reste de la population, accès facilement aux informations qui en feraient des critiques efficaces ? Il se trouvera certainement un de ces pays scandinaves auxquels on nous réfère souvent pour offrir quelqu'enseignement de taille sur cette question.

Formation d'une caisse de stabilisation

Pour remédier au laisser-faire dont les travailleurs sont toujours les seules victimes, une caisse de stabilisation de l'emploi devrait être mise sur pied. Tous les employeurs du Québec contribueraient à cette caisse à raison d'un montant par heure/homme travaillée dans leurs entreprises. Un organisme assurerait l'administration de cette caisse. Ce fonds servirait à maintenir les revenus des travailleurs advenant des mises à pied, des fermetures d'usines ou des changements technologiques.

Cessation d'actifs en cas de fermeture

Il va de soi que dans la mesure où l'entreprise, après avoir bénéficié du travail et souvent des ressources de la population, devrait fermer ses portes ou du moins réduire de 95% et plus ses effectifs d'employés, il lui serait fait obligation de céder ses actifs (équipement, machines, terrain, etc...) à un organisme spécifique composé de représentants des travailleurs, de la communauté et du gouvernement. Cet organisme aurait donc pour objectif d'insuffler une nouvelle vie à cet échec de l'entreprise privée et de gérer sur une base populaire les opérations dans le cas d'une reprise. Il faudrait cesser de subventionner les fermetures.

Politique de protection des ressources

On ne peut s'empêcher de penser aux saccages qui ont été faits dans l'exploitation de nos ressources renouvelables (bois) et à l'intensité d'exploitation de certaines ressources limitées. Des politiques précises (sectorielles) devraient garantir le renouvellement effectif des ressources dites renouvelables et l'exploitation rationnelle de celles non-renouvelables.

Tamisage des prises en main étrangères

Un organisme devrait pouvoir accorder ou non son accord et présenter des conditions à la prise en main par du capital étranger d'entreprises autochtones ou encore de réseaux de distribution locaux. Dans ce dernier cas, la prise en main de marchés par l'achat de réseaux de distribution s'est toujours soldée rapidement par une diminution de l'emploi dans le secteur manufacturier.

Politique autonomiste dans le secteur agro-alimentaire

Point n'est besoin d'expliquer que la production agricole du Québec est en fermeture et que ce phénomène est malheureusement irréversible lorsqu'amorcé puisque la vocation des terres agricoles devient détournée. Toute velléité d'indépendance n'est qu'un leurre si un secteur aussi fondamental que l'alimentation est sous contrôle étranger.

Plusieurs de ces recommandations ne sont finalement que la conséquence de notre conception de la responsabilité sociale de l'entreprise dans la structure actuelle de l'économie capitaliste. Ces propositions se veulent des suggestions à court et à moyen terme. Je n'en crois pas moins que la logique et la finalité du capital dans notre société seront toujours en contradiction avec les intérêts de la classe ouvrière et qu'une amélioration réelle de la situation des travailleurs passe par la complète remise en question du système actuel. La réponse ne peut venir de New York. Elle doit et elle peut venir du Québec.

LA SÉCURITÉ D'EMPLOI ET LA POLITIQUE DES SERVICES DE MAIN-D'ŒUVRE

9

Pierre-Marc JOHNSON

Ministre du travail et de la main-d'œuvre
Gouvernement du Québec
Québec

En faisant de la sécurité d'emploi le thème de votre congrès, vous n'avez certainement pas abordé, cette année, un sujet facile. Le contexte économique dans lequel vivent actuellement les pays industrialisés appelle souvent des solutions qui sont à la fois pressantes et originales, mais qui donnent lieu, occasionnellement, à des actions contradictoires.

Depuis quelques années, les problèmes de pénurie relative d'énergie, d'inflation, de fluctuation des monnaies, de taxation souvent aberrante, de tarification douanière, les problèmes sociaux, de même que ceux de l'emploi et du chômage, posent tous de véritables défis aux sociétés du monde occidental. Et tous ces problèmes sont si bien interreliés que de tenter de les approfondir peut parfois nous entraîner dans des voies diverses et, encore une fois, contradictoires.

Il s'agit donc de coordonner nos réflexions et nos actions vis-à-vis la société. Comme beaucoup d'autres groupes semblables au vôtre, vous vous réunissez pour faire un certain bilan, un certain partage, de vos expériences, de vos connaissances et de votre expertise. Votre rôle est, entre autres, de guider la réflexion des gouvernements, et sachez que les fruits de vos délibérations sauront êtres pris en considération par le ministère que je dirige.

J'aimerais vous entretenir, de quelques-unes de mes réflexions, de quelques-unes de mes perceptions, en ce qui a trait à la sécurité d'emploi au Québec à l'heure actuelle. J'aimerais également vous faire part des grandes lignes qui pourraient inspirer les services de main-d'œuvre du Québec afin qu'ils contribuent à diminuer l'impact de l'instabilité de l'emploi. Enfin, je voudrais aborder quelque peu une question fort délicate: celle des travailleurs licenciés et celle du service de reclassement du ministère.

La sécurité d'emploi est d'abord et avant tout relative. En effet, dans une société démocratique, la sécurité des uns poussée à la limite peut entraîner l'insécurité des autres. Pour que certains jouissent d'une sécurité d'emploi qui soit totale, il faut souvent que d'autres, dans une même entreprise, dans un même secteur, ou dans une même région, puissent s'ajuster à certaines contraintes du marché du travail et de l'économie.

D'autre part, rien n'est vraiment stable sur un marché du travail. Pour nous en rendre compte, jetons un regard rapide sur la situation au Québec au cours des quelques dernières années. Ne sommes-nous pas passés, en moins de trente ans, d'une société relativement peu industrialisée et rurale à une société industrielle urbanisée qui tend, récemment, à se modifier dans le sens d'une société de service? Tout ceci implique évidemment des bouleversements structurels et occupationnels considérables. D'autre part, de nombreux facteurs viennent modifier les coûts de production et peuvent ainsi influencer l'évolution des marchés du travail. Par exemple, l'évolution des coûts de production d'un secteur peut amener une modification si considérable sur la demande qu'une région, par exemple, peut parfois sortir du cercle du marché. Ainsi, depuis quelques années au Québec, un taux de natalité fortement à la baisse, un exode relatif des familles à l'extérieur des centres villes a entraîné une diminution de la rentabilité, en termes classiques, de certains services urbains de même que, par exemple, la fermeture de nombreuses écoles de quartier. Ainsi en est-il également des coûts croissants des services de santé qui obligent souvent à reviser l'organisation des soins comme des milieux de travail de façon à les rendre plus fonctionnels. Ceci résulte évidemment en une diminution de la sécurité d'emploi, ce qui représente souvent pour le salarié une difficulté accrue à conserver son emploi, ou même un poste équivalent, lorsqu'il n'est pas carrément mis à pied.

Finalement, dans une société qui repose sur la libre entreprise, on ne pourra jamais garantir de façon absolue la sécurité d'emploi puisqu'on suppose qu'on ne peut forcer un employeur à poursuivre ses opérations lorsqu'il fonctionne à perte. D'autre part, dans certains secteurs, où l'organisation du travail et les caractéristiques de la main-d'œuvre constituent une part importante des coûts d'opération, ces phénomènes peuvent entraîner parfois des mises à pied et, dans certains cas, des variations à la hausse des coûts.

En somme, le marché du travail étant une réalité essentiellement dynamique, la sécurité d'emploi constitue un objectif qu'on ne saurait atteindre une fois pour toutes. Ne faut-il pas plutôt penser en termes de stabilisation de l'emploi dans une société qui est en transition ?

Au niveau du gouvernement du Québec, nous croyons qu'il faut, avec le concours de tous les intéressés, dégager l'orientation à donner aux différents secteurs industriels et sociaux et amorcer, simultanément, une véritable politique des services de main-d'œuvre au Québec.

La demande et l'offre de travail doivent pouvoir, à l'occasion, s'ajuster mutuellement. On ne saurait toujours demander à la main-d'œuvre l'effort d'adaptation. Il faut donc procéder aux changements qui s'imposent au niveau de la structure industrielle et sociale.

Il s'agit, par exemple, de stimuler les secteurs à hauts taux de productivité, d'ouvrir d'autres secteurs analogues, de favoriser des solutions à long terme dans les secteurs dits « mous » de notre économie, orienter le développement régional et permettre l'accès à un type de gestion qui soit plus efficace dans la petite et moyenne entreprise. Il s'agit de faire en sorte que dans divers secteurs, dans diverses régions, les premiers impliqués se prennent en main, établissent les priorités en fonction de leurs ressources et décident d'investir dans l'avenir, certains par leur savoir, d'autres par leur habilité, leur labeur, d'autres par leur compétence technique ou leurs capitaux.

Dans ce contexte, le gouvernement du Québec a tenu, en 1977, un sommet économique qui, sans prétendre avoir été un lieu de concertation, aura au moins été un forum. Également, les mini-sommets du textile, du vêtement, de la chaussure et du meuble, qui ont réunis des représentants du gouvernement québécois, de l'industrie et des salariés auront permis d'identifier quelques-uns des problèmes et d'amorcer des actions ou des orientations basées sur des analyses effectuées par les premiers impliqués dans chacun de ces secteurs.

Même si le Québec entend développer et faire valoir sa stratégie à l'égard de l'ensemble des politiques économiques qui affectent l'emploi québécois, il ne faut évidemment pas oublier l'action déterminante du gouvernement central canadien en ces matières, puisque ses pouvoirs et les moyens à sa disposition lui sont conférés par la Constitution. Ainsi, quand on parle des secteurs dits « mous » du

Québec et particulièrement ceux touchés par l'importation massive, il est bien évident que c'est l'action du gouvernement central, par l'imposition de tarifs ou par la fixation de quotas, qui constitue la base d'une planification raisonnable dans ces domaines.

Quant aux services de main-d'œuvre du Québec, il s'agit, à mes yeux, d'une priorité. Cependant, qu'il me soit d'abord permis d'apporter quelques précisions importantes quant aux moyens limités du Québec dans ce domaine, si on les compare à ceux du gouvernement fédéral. Ainsi, au Québec, pour l'année qui vient, le gouvernement canadien dépensera, au chapitre de l'assurance-chômage, de la formation professionnelle des adultes, des divers programmes de création d'emploi et de certaines subventions aux entreprises dans le cadre des activités de la Commission d'emploi et d'immigration fédérale, au-delà de deux milliards deux cent cinquante millions de dollars. De son côté, le gouvernement du Québec, c'est-à-dire le ministère du Travail et de la Main-d'oeuvre, dépensera environ 40 millions de dollars dont la majeure partie ira à supporter les coûts de son infrastructure. En termes d'argent, il va donc de soi que l'influence que peut avoir le gouvernement du Québec sur une politique de main-d'œuvre soit moindre que celui du gouvernement fédéral.

Néanmoins, avec un peu plus de 60 bureaux de placement et centres de main-d'œuvre, plus une intervention généralisée en matière d'apprentissage, le Québec est présent. En ce qui a trait plus spécifiquement à la formation professionnelle des adultes, donc un domaine qui peut avoir une portée sur la sécurité d'emploi, près de 500 personnes sont chargées d'administrer ce programme à l'intérieur des diverses commissions de formation professionnelle. Depuis une décennie ce programme, qualifié originellement d'expérimental dans les accords fédéraux-provinciaux, a connu plusieurs modifications. Le contexte ayant évolué, il faut maintenant réévaluer

l'impact de l'ensemble du programme. Il en est de même des programmes de mobilité, de placement et de création d'emplois. Dans
quelle mesure les sommes dépensées aux deux niveaux de gouvernement ont-elles contribué à la stabilisation et à la sécurité d'emploi? La question reste ouverte.

Les caractéristiques des chômeurs se sont modifiées depuis
quelques années. Ainsi, au Québec, 50% des chômeurs ont moins
de 25 ans, ce qui permet à certains d'affirmer que la notion de
chômage ne recouvre plus la même réalité qu'il y a 25 ans. En effet,
cette forme d'assurance que se donnent les salariés grâce à leurs
contributions et celles des employeurs — et grâce également, faut-il
le dire, aux fonds fédéraux qui viennent combler le déficit de la
caisse — serait presque devenue une forme de culture au sens de
larges segments de salariés, particulièrement chez les plus jeunes. Il
s'agit là d'une hypothèse, mais je crois qu'elle mérite d'être vérifiée.

Les solutions apportées dans le passé valent-elles toujours?
Les cours de formation en institution méritent-ils encore l'accent
qu'on a mis sur eux il y a une décennie? Dans quelle mesure et
dans quels cas la mobilité géographique représente-elle encore une
solution à privilégier au Québec? Doit-on développer des mesures
particulières à l'égard des femmes mariées ayant atteint la quaran-
taine et qui désirent réintégrer le marché du travail? Ne devrait-on
pas chercher de nouveaux mécanismes qui favoriseraient l'emploi
de ceux qui ont plus de 45 ans?

Voilà autant de questions qui se posent cependant aujourd'hui
dans un contexte où le chômage et l'inflation se sont rencontrés
pendant quelques années pour faire un ménage qui casse les
oreilles des citoyens. Mais d'ici quelques années seulement la situation devrait pourtant se renverser. Nous pourrions assister, dans un
contexte de pénurie de main-d'œuvre, à une situation où les sec-

teurs à haute teneur technologique et les services se disputent la main-d'œuvre compétente. La mobilité professionnelle sera alors sans doute beaucoup plus considérable et donc beaucoup plus exigeante au niveau des infrastructures que la société se verra obligée de se donner.

Tout ceci nous oblige donc à travailler de plus en plus au plan structurel et à développer la connaissance des marchés du travail. Vous vous êtes interrogés sur la sécurité d'emploi : « laquelle et à quel prix ? » Les mêmes interrogations s'imposent quant à l'ensemble des services de main-d'œuvre du Québec. Pour apporter certaines réponses, il y a le pré-requis fondamental de la connaissance des marchés du travail. L'État pourrait fixer certains objectifs aux services de main-d'œuvre du Québec, compte tenu de sa volonté d'agir à la fois sur l'offre et la demande en matière de main-d'œuvre. On pourrait ainsi y retrouver les objectifs suivants :

permettre au citoyen d'occuper un emploi qui lui convienne selon ses goûts, ses intérêts, ses aptitudes en lui offrant des services d'entrevue, d'évaluation et d'orientation ;

fournir aux employeurs la main-d'œuvre qualifiée dont ils ont besoin pour accroître la productivité à l'aide de programmes de formation professionnelle et industrielle qui collent le mieux possible aux exigences de ces marchés ;

orienter et rendre plus efficace les programmes de mobilité et de placement ;

atténuer les effets de la conjoncture économique par des programmes de création d'emplois et de réintégration de la main-d'œuvre au marché du travail (le « Programme d'aide au travail » du Québec, qui relève maintenant de la compétence exclusive de la Direction générale de la Main-d'œuvre, consacre au-delà de 3 millions à la création d'emplois pour toute personne sans emploi) ;

enfin, favoriser l'adaptation de la main-d'œuvre au changement technologique par des programmes de reclassement et de recyclage.

Mais, pour parvenir à cette situation idéale ou idéalisée d'orientation des services de main-d'œuvre, il faut se construire la base de la connaissance des marchés du travail sous trois aspects.

D'abord, le développement accentué de la recherche sur les conditions de travail au Québec. Il s'agit là d'un outil privilégié, non seulement pour atteindre un meilleur climat de relations de travail, puisque ce type de recherche pourrait servir aux parties pour au moins normaliser leur vocabulaire, mais aussi d'un outil important pour interpréter le contexte dans lequel interviendrait une politique de main-d'œuvre. En second lieu une connaissance quantitative et qualitative de la main-d'œuvre et, en troisième lieu, une connaissance qualitative et quantitative de l'emploi au Québec avec les éléments prospectifs nécessaires dans chacun des grands secteurs d'activités économiques.

Ce triple outil pour la connaissance des marchés du travail est devenu indispensable dans toutes les sociétés occidentales modernes et le Québec, compte tenu de certaines de ses particularités régionales, doit se donner les moyens de préciser même au-delà du niveau québécois les données du problème. C'est pourquoi, depuis déjà quelques mois, nous travaillons, au ministère, à l'élaboration de tels systèmes de connaissances des marchés du travail.

Ceci dit, il ne faudrait pas dégager de mes propos la conviction que le gouvernement se considère comme le seul maître d'œuvre dans l'établissement et le fonctionnement des services de main-d'œuvre. Les parties et l'ensemble des associations intéressées au domaine doivent se concerter et prendre chacune leur responsabilité respective en ces matières. L'État, là comme à bien d'autres endroits, peut être un catalyseur pour l'action de divers facteurs et de divers intervenants. Dans cette perspective d'ailleurs, nous pourrions examiner la question des licenciements collectifs.

Comme chacun le sait, le programme de reclassement prévu à l'article 45 de la Loi sur la formation et la qualification profession-nelles de la main-d'œuvre est administré par le ministère du Travail et de la Main-d'œuvre du Québec.

On se souviendra qu'à l'époque où le service de reclassement fut créé, il s'agissait d'un précédent en Amérique du Nord. Malgré le fait que cette loi fut adoptée plutôt rapidement et qu'elle ne soit pas nécessairement issue d'une réflexion très profonde, on y retrouve quand même une volonté d'établir des règles de base relatives à l'ensemble des solutions à apporter aux cas de licenciements. Il va sans dire que la notion fondamentale, mais sous-jacente, de cet article 45 c'est la collaboration des parties, collaboration indispen-sable à l'action du service de reclassement.

L'article vise à garantir de la part des parties impliquées un minimum de respect à l'égard d'une situation qui compromet grave-ment l'équilibre économique et psychologique des travailleurs.

Je n'ai pas à vous rappeler que l'obligation du préavis et la formation du comité visent à faire en sorte que les parties trouvent *elles-mêmes*, le plus rapidement possible, des emplois stables et rémunérateurs au personnel licencié.

Or l'expérience du service nous montre que certains ont vu là de quoi se reposer sur l'État en la matière. En fait chaque fois que les législateurs entrent dans une nouvelle sphère, le danger existe toujours de voir les principaux intéressés abdiquer leurs responsa-bilités. Il ne faudrait cependant pas, parce qu'une législation et la réglementation qui l'accompagne sont imparfaites, que les intéres-sés se départissent trop allègrement de leurs responsabilités.

Ainsi, les employeurs obligés de licencier invoquent le plus souvent des motifs à caractère économique tel la baisse du marché, la relocalisation, la nécessité de moderniser, l'absence de capitaux, etc... Cependant, l'évolution des facteurs qui entraînent ces décisions peuvent parfois être prévus dans une certaine mesure. Si les situations étaient analysées systématiquement et avec soin, l'employeur pourrait parfois prendre des dispositions évitant cette fatalité (par exemple, les investissements réguliers dans la main-d'œuvre et dans la machinerie, les consultations régionales et sectorielles, consultation des travailleurs eux-mêmes dans certains cas...).

Quant aux syndicats, ils devraient participer davantage à prévenir les pertes d'emploi. Au moment de la signature d'une convention collective, il apparaît habituellement plus intéressant d'insister sur certains bénéfices tangibles plutôt que sur des éléments moins populaires au plan de l'organisation syndicale et de l'augmentation de la productivité. Il est tentant pour les syndicats de refuser certaines formes de participation et de consultation sous prétexte que cet engagement les entraînerait vers des compromis inacceptables. Pourtant, des travailleurs victimes de licenciements collectifs voient, eux, compromises leur sécurité de revenu et leur santé psychologique.

Je pense qu'il faut encourager toutes les parties à trouver dans leur milieu des mécanismes propres à éviter les licenciements et les fermetures. *Il ne faut pas faire de la main-d'œuvre la victime constante des progrès économiques et technologiques ou encore des variations de l'idéologie. Les formules peuvent évidemment varier à l'infini.* Alors que l'Organisation internationale du travail recommande des comités conjoints d'entreprises en Amérique du Nord, les parties devraient voir à ce que de tels comités répondent aux types de besoins qu'elles rencontrent. Elles peuvent utiliser leurs structures sectorielles et régionales pour procéder conjointement à des études de main-d'œuvre et de marché. En effet, il ne suffit plus, en 1978, d'avoir négocié une clause de sécurité d'emploi avec règles d'ancienneté pour que la responsabilité des parties soit pour autant levée. Il faut surtout, maintenant, faire preuve d'originalité et innover dans une consultation qui soit franche et aborder des solutions nuancées (l'État-employeur d'ailleurs lui-même n'échappe pas à ce défi).

Mais, concrètement, revenons à la question du licenciement. Qu'arrivera-t-il dans l'entreprise qui fait face à l'obligation de faire des coupures de personnel? L'expérience du service de reclassement montre que, souvent, l'employeur a attendu au dernier moment, sinon carrément trop tard, pour aviser le ministère du licenciement (parfois même le ministère ne l'apprendra que par hasard).

D'abord rumeur, puis nouvelle, affirmation inexacte, incertitude... les faits sont minimisés ou grossis selon qu'on veut augmenter l'impact ou le diminuer. Le syndicat est alors pressé d'expliquer ce qui en est exactement mais, le plus souvent, il doit lui-même courir aux nouvelles.

Quant à l'employeur, était-il vraiment dans une situation où il lui était impossible de prévoir le licenciement? Pourquoi ne pas avertir carrément ses employés ou le syndicat de son intention s'il s'agit effectivement d'une situation irrémédiable? Est-ce que, dans tous les cas, la position concurrentielle et financière d'une entreprise en sera vraiment affectée? Pourtant, dans certains cas, les salariés pourraient eux-mêmes se trouver un emploi si l'avis de licenciement leur était communiqué plus tôt.

Ici entre en jeu le comité de reclassement. Les travailleurs et le syndicat font parfois preuve d'attentisme; on attend du comité des remèdes miracles. On n'a même parfois l'impression que le gouvernement fera rouvrir les portes à l'entreprise le lendemain matin!

Même si les responsables du service de reclassement font tout en leur pouvoir en vue d'accélérer la formation du comité et le travail d'analyse portant sur la main-d'œuvre à recycler ou à reclasser, c'est d'abord et avant tout aux membres du comité qu'il appartient de rechercher des solutions dans leur région ou dans leur secteur d'activités.

La main-d'œuvre la plus qualifiée et la plus jeune trouvera, en général, des débouchés, et ce, même dans un contexte de chômage. Mais le travailleur licencié, qui compte 25 ou 30 ans dans l'entreprise, peu mobile, risquera de voir toute cette compétence acquise définitivement perdue avec la fermeture des portes de l'entreprise. Il n'existe peut-être pas d'entreprise analogue dans la région et même, dans certaines régions, il n'existe peut-être pas d'emploi du tout.

Les solutions à ces problèmes sont extrêmement difficiles à trouver avant la fermeture, mais que l'on songe seulement aux difficultés des travailleurs licenciés et leurs familles une fois le licenciement annoncé.

On suggèrera parfois aux plus âgés de prendre leur retraite. Si la retraite anticipée peut s'avérer acceptable pour certains, je pense qu'il ne faut pas l'appliquer sans discernement; ce serait traiter là un peu cavalièrement le personnel. On note d'ailleurs depuis quelques temps, et j'aimerais entre autres faire état de l'expérience américaine des quelques dernières années, une tendance à repousser l'âge de la retraite. Non seulement faut-il considérer le traumatisme psychologique que provoque la retraite chez un homme sain et normal et qu'une situation donnée force à se percevoir comme de trop, mais également, il faudrait probablement évaluer la perte objective qu'amène cette même retraite dans une société qui croit avoir les moyens de se priver d'une main-d'œuvre très expérimentée. Viennent ensuite les questions du régime de pension, si souvent inadéquat, où l'employeur et le syndicat auraient dû anticiper.

Alternativement à la retraite anticipée, on mettra en vedette le service de formation de recyclage et de placement, alors que les centres de main-d'œuvre sont déjà aux prises avec une clientèle pour laquelle il n'est pas facile de connaître des succès.

Certains proposent donc que le ministère aille plus loin mais, cette fois-ci, dans l'aide directe à l'entreprise en difficulté. Est-il besoin de rappeler que malgré certaines expériences pilotes qui n'ont pas toujours été des succès, le ministère ne peut quand même pas se substituer aux mécanismes économiques.

D'autre part, l'entreprise qui a souvent attendu à la dernière minute, ou même trop tard, est parfois dans une situation de non-retour. On sait que de nombreuses entreprises résistent à fournir des explications précises visant à clarifier les motifs réels du licenciement.

Envisager systématiquement l'aide directe et surtout l'intervention du ministère du Travail et de la Main-d'œuvre, bien que cela existe dans des cas très particuliers, supposerait au départ que l'entreprise puisse annoncer ses difficultés bien plus rapidement qu'elle ne le fait présentement et qu'elle ouvre ses livres fort simplement. Cependant, même en admettant une collaboration avec le ministère de l'Industrie et du Commerce et avec d'autres institutions gouvernementales susceptibles de venir en aide aux entreprises, il faudrait éviter de centraliser les mécanismes de solution que les parties ont tout intérêt à trouver elles-mêmes dans leur propre milieu.

Si le ministère peut être présent par ses fonctionnaires, et fournir son expertise afin que chaque cas particulier soit pris comme tel, il n'en demeure pas moins que les parties ont une responsabilité de ne pas transformer ce comité en une table de négociation.

Nous comptons, dans les mois qui viennent, réexaminer l'ensemble des dispositions de la loi et de ses règlements en vue de les rendre plus conformes aux objectifs poursuivis. On sait qu'il y a eu certaines difficultés quant au règlement découlant de l'article 45 et qui fait, d'ailleurs, l'objet d'un appel suite à une décision de la Cour supérieure. L'objectif de la loi, à mes yeux, est de couvrir les situations assimilables à un licenciement permanent. La loi vise à protéger les travailleurs contre les mises à pied d'une durée indéterminée excédant 6 mois. Il faut être réaliste, dans le cas des mises à pied prolongées, où le rappel est moins certain, le dommage n'est-il pas équivalent aux yeux du travailleur à celui entraîné par une fermeture?

La révision inclura aussi la question des fonds collectifs, élément qu'on trouve dans certains pays occidentaux pour tenir compte de plusieurs facteurs tel l'ancienneté et l'âge des travailleurs impliqués. Là encore, la collaboration des parties nous sera extrêmement précieuse.

En conclusion, l'article 45 (de la Loi sur la formation et la qualification professionnelles de la main-d'œuvre) a proposé un esprit quant aux solutions à apporter dans les cas inévitables de licenciements et de mises à pied prolongées. Les succès du programme dépendaient beaucoup de la bonne volonté des parties.

Dans bien des cas la pression morale a suffi à rassembler cette bonne volonté et à minimiser les effets du progrès sur les travailleurs. Et si la loi et les règlements doivent être modifiés, ils le seront.

Par ailleurs, il m'apparaît évident qu'il ne suffit pas de travailler sur l'offre de travail. Il faudra travailler aussi au plan de la demande. C'est ainsi qu'un thème comme la sécurité d'emploi débouche naturellement sur la définition d'une politique de développement industriel et social en même temps que sur une politique globale de services de main-d'œuvre.

En terminant, j'aimerais vous rassurer : je n'ai pas « oublié » les problèmes de l'instabilité de l'emploi dans le secteur de la construction. Ce secteur ne se laisse d'ailleurs jamais « oublier »... Si je n'en ai pas traité c'est qu'un comité spécial révise en ce moment le régime de relations du travail du secteur et je crois qu'il ne faut pas anticiper sur ces résultats. (Par ailleurs ce secteur n'est pas assujetti à l'article 45 de la Loi sur la formation et la qualification professionnelles de la main-d'œuvre).

BIBLIOGRAPHIE SOMMAIRE

10

_____, «La sécurité de l'emploi et du salaire», *Droit social*, n° 6, (numéro spécial), juin 1975, pp. 1-128.

_____, «La sécurité de l'emploi et du salaire (II)», *Droit social*, n°s 9-10, (numéros spéciaux), juin 1975, pp. 129-253.

_____, «L'accord national interprofessionnel du 10 février 1969 sur la sécurité de l'emploi et l'avenant du 21 novembre 1974», (France), in: *Droit social*, n° 6, (numéro spécial), juin 1975, pp. 21-26.

ALDER, Joseph and DOHERTY, Robert E. (eds), *Employment Security in the Public Sector: A Symposium*, Ithaca, Institute of Public Employment, New York State School of Industrial and Labor Relations, Cornell University, 1974, 41 p.

AIKIN, Olga, «Employment Protection: The Legal Machinery», *Personnel Management*, (London), vol. 7, n° 12, dec. 1975, pp. 30-34.

ARCHAMBAULT, Jacques, «Droit de congédier, droit de disposer des hommes», *Relations industrielles*, (Québec), vol. 15, n° 4, oct. 1960, pp. 410-424.

ASHMORE, Jack P., «The Right to Work: Individual or Collective Right?», *Journal of Public Law*, (Atlanta), vol. 6, n° 1, Spring 1957, pp. 263-270.

BARKIN, Solomon, «Labor Unions and Workers' Rights in Jobs», in: A. Kornhauser, R. Dubin and A. Ross (eds), *Industrial Conflict*, New York, McGraw Hill, 1954, pp. 121-131.

BARKIN, Solomon, «A System Approach to Adjustments of Technical Change», *Labor Law Journal*, vol. XVIII, jan. 1967, pp. 29-38.

BATTU, Gisèle, «Analyse de l'accord national interprofessionnel du 10 février 1969 modifié par l'avenant du 21 novembre 1974», *Droit social*, vol. 6 (numéro spécial), juin 1975, pp. 27-32.

BERNIER, Jean, *La sécurité d'emploi en cas de changements technologiques et la convention collective*, Québec, Direction générale de la recherche, ministère du Travail et de la Main-d'Œuvre, fév. 1976, 245 p.

BHALLA, A.S., «La technologie et l'emploi: Quelques conclusions», *Revue internationale du travail*, (Genève), vol. 113, n° 2, mars-avril 1976, pp. 207-221.

---

* Cette bibliographie a été compilée par Jean-Pierre Auger, étudiant gradué à l'Université Laval.

BOLDT, G. *et al.*, *La protection des travailleurs en cas de perte de l'emploi*, Luxembourg, Service des publications des communautés, 1961, 489 p.

COLE, R.E., «Permanent Employment in Japan: Facts and Fantasies», *Industrial and Labor Relations Review*, (Ithaca), vol. 26, n⁰ 1, oct. 1972, pp. 615-630.

Confédération des syndicats démocratiques, «La C.S.D. et les fermetures d'usines au Québec», *La base*, C.S.D., vol. 1, n° 2, juin 1973, pp. 48-49.

Confédération des syndicats nationaux, *Les fermetures d'usine, une stratégie des multinationales*, 47ᵉ congrès, juin 1976, 16 p.

DANAHO, Raoul, «Un instrument efficace de régulation de l'emploi: la politique des emplois compensatoires», *Revue Française des Affaires sociales*, (Paris), n° 1, janv. 1976, pp. 127-145.

DAVEY, Harold W., «Job Security», in: Davey, H.W., *Contemporary Collective Bargaining*, Englewood Cliffs, New Jersey, Prentice-Hall Inc., 3ᵉ edition, 1972, chap. 9, pp. 215-245.

DELAMOTTE, Yves, «L'accord interprofessionnel sur la sécurité de l'emploi du 10 février 1969», *Droit social*, sept.-oct. 1969, pp. 498-508.

DION, Gérard, «Le droit au travail», *Relations industrielles*, (Québec), vol. 15, n° 4, oct. 1960, pp. 398-409.

Fédération des travailleurs du Québec, *Sécurité d'emploi et fermetures d'usines*, 13ᵉ congrès, déc. 1973, 17 p.

Fédération des travailleurs du Québec, *Contre la fatalité des fermetures d'usines*, 15ᵉ congrès, nov. 1977, 11 p.

FORTIN, Carrier, «Un moyen d'assurer la sécurité d'emploi: le reclassement des travailleurs», *Journal du travail*, ministère du Travail du Québec, vol. 1, n° 10, oct. 1965.

GOMBERG, William, «The Work Rules and Work Practices Problem», *IRRA Proceedings*, Industrial Relations Research Association Spring Meeting, May 4-5 1961, pp. 643-654.

GOMBERG, William, «The Work Rule Problem and Property Rights in the Job», *Monthly Labor Review*, (Washington), USDL, vol. 84, n° 6, June 1961, pp. 595-596.

GOMBERG, William, «Featherbedding: An Assertion of Property Rights», *The Annals*, (Philadelphia), American Academy of Political and Social Sciences, vol. 333, jan. 1961, pp. 119-129.

GORDON, Margaret S. and CORRY, Ann H., «Plant Relocation and Job Security», *Industrial and Labor Relations Review*, (Ithaca), vol. II, n° 1, oct. 1957, pp. 13-36.

HERZ, E., «La protection du salarié à la cessation du contrat de travail», *Revue internationale du travail*, (Genève), vol. LXIX, n⁰ 4, avril 1954.

HOCQUART, Henri, *Les mutations d'entreprises et la protection des travailleurs*, Paris, La vie moderne et le droit, EJUS, 1971, 137 p.

HOLMES, R., « The Ownership of Work : A Psychological Approach », *British Journal of Industrial Relations*, vol. 5, n° 1, March 1967, pp. 19-27.

HORLACHER, John Perry, « Employee Jobs Rights Versus Employer Job Control », *National Academy of Arbitrators Proceedings*, 1962, pp. 165-196.

LAFLAMME, Gilles, « Changement technologique et sécurité d'emploi », *Relations industrielles*, (Québec), vol. 29, n° 1, 1974, pp. 111-126.

LAPLANTE, S., *Displaced Workers : A Study of Reclassification Activities in Quebec* Doctoral Dissertation, Graduate School of Business Administration, Harvard University, 1973.

LEARSON, T.V., « La responsabilité sociale des entreprises », *Profession et entreprise*, janv. 1973, pp. 18-22.

MASON, Ralph, « The Goal of Job Security », *Institute of Business and Economic Problems*, Pittsburg University, 1950, pp. 55-62.

MEYERS, Frederic, *Ownership of Jobs : A Comparative Study*, Los Angeles, Institute of Industrial Relations, University of California, monograph n° 11, 1964, 114 p.

MEYERS, Frederic, « Jobs Protection in France and Britain », *IRRA Proceedings*, Industrial Relations Research Association Spring Meeting, Philadelphia, May 8-9 1962, pp. 566-575.

MORGAN, C. Baird Jr., « The Adequacy of Collective Bargaining in Resolving the Problem of Job Security and Technological Change », *Labor Law Journal*, vol. XVI, feb. 1965, pp. 87-99.

MOULY, Jean, « Faut-il repenser le concept d'emploi ? », *Revue internationale du travail*, (Genève), vol. 116, n° 1, juillet-août 1977, pp. 1-7.

MOULY, Jean, « Quelques remarques sur les concepts d'emploi, de sous-emploi et de chômage », *Revue internationale du travail*, (Genève), vol. 105, n° 2, fév. 1972, pp. 161-167.

NAUDE, Francis et BENOÎT, Aude, « Licenciements collectifs et sécurité de l'emploi », *Droit social*, n° 6 (numéro spécial), juin 1975, pp. 41-52.

POCHARD, Marcel, « Sécurité de l'emploi et mutations industrielles », *Droit social*, n° 1, janv. 1974, pp. 1-9.

PORTER, Arthur R., *Job Property Rights*, New York, King's Crown Press, 1954, 110 p.

QUINET, F., « The Process of Technological Change », *Collective Bargaining Arbitration*, CCH Canadian Limited, June 1, 1977, pp. 6357-6363.

ROTTENBERG, Simon, « Property in Work », *Industrial and Labor Relations Review*, (Ithaca), vol. 15, n° 3, April 1962, pp. 402-405.

ROY, Jean-Pierre, « La sécurité d'emploi en cas de changements technologiques », *Travail Québec*, MTMOQ, vol. 12, n° 2, avril 1976, pp. 14-18.

SEXTON, Jean, « La sécurité d'emploi », in : L'État et la transformation des relations industrielles au Québec, 6e colloque des relations industrielles de l'Université de Montréal, 1975, pp. 47-51.

SEXTON, J., *Blue Collar Workers Displaced By Complete and Permanent Plant Shutdowns: The Quebec Experience*. Québec, Collection Relations du travail, Département des relations industrielles, Université Laval, 1974, 495 p.

SEXTON, J., *Fermetures d'usines et reclassement de la main-d'œuvre au Québec*. Québec, Éditeur officiel, 1975, 295 p.

SEXTON, Jean et MERCIER, Jacques, « Préavis de licenciement collectif : l'expérience québécoise », *Relations industrielles*, (Québec), vol. 31, no 2, 1976, pp. 175-208.

SHENFIELD, Barbara, « Security of Employment : A Study in the Construction Industry », *Planning*, (London), Political and Economic Planning, n° 505, 1968, 66 p.

STONE, Morris, *Managerial Freedom and Job Security*, New York, Harper and Row, 1964, 262 p.

SUET, Philippe, *Le droit au travail*, Paris, France-Empire, 1972, 281 p.

WEBER, A., « Manpower Adjustments to Technological Change : An International Analysis », in : Barkin, S., Kassalow, E. and Meyers, F. (eds), *International Labor*, New York, Harper and Row, 1967, pp. 132-160.

WEISBERGER, June, *Job Security and Public Employees*, Ithaca N.Y., Cornell University, New York State School of Industrial and Labor Relations, Institute of Public Employment monograph n° 2, 1973, 88 p.

WEISBERGER, June, *Recent Developments in Job Security*, Upjohn Institute of Public Employment, 1976.

YEMIN, Edward, « La sécurité de l'emploi : Influence des normes de l'OIT et tendances récentes », *Revue internationale du travail*, (Genève), vol. 113, n° 1, janv.-fév. 1976, pp. 17-34.

Collection

CONGRÈS DES RELATIONS INDUSTRIELLES

Les relations industrielles dans le Québec (1er congrès 1946)
L'évolution des relations industrielles au Canada, GÉRARD TREMBLAY — L'apprentissage, LÉONCE GIRARD — Fatigue industrielle et productivité, Dr LUCIEN BROUHA — Conciliation, arbitrage et tribunaux du travail, Me LOUIS-PHILIPPE PIGEON — Les relations industrielles dans l'État moderne, JEFF RENS.

Convention collective — Sécurité syndicale (2e congrès 1947)
Convention collective — Préparation et technique préliminaire, J. O'CONNELL-MAHER — Du règlement des griefs sous le régime de la convention collective, Me DONAT QUIMPER — Des vices généraux des conventions collectives, Me PHILIPPE ROUSSEAU — Clauses de sécurité syndicale — Définitions — Aspect moral, GÉRARD DION — La sécurité syndicale et l'employeur, ARTHUR DROLET — La sécurité syndicale et le syndicat, GÉRARD PICARD — Le travail, Mgr JOSEPH GUÉRIN.

Formes de collaboration patronale-ouvrière (3e congrès 1948)
La convention collective, Me PAUL LEBEL — La formation professionnelle, GABRIEL ROUSSEAU — Les comités d'entreprises, RAYMOND GERIN — La sécurité du travail, la médecine et l'hygiène industrielle, Dr WILFRID LEBLOND — Théologie du travail, GEORGES-H. LEVESQUE, o.p. (numéro épuisé).

Techniques des relations de travail (4e congrès 1949)
Technique de conciliation et de l'arbitrage, Me LOUIS-PHILIPPE PIGEON — Technique d'organisation patronale, LOUIS BILODEAU — Structure du mouvement ouvrier et organisation syndicale, JEAN MARCHAND — Aspect patronal de la négociation de la convention collective, HECTOR CIMON — Aspect ouvrier de la négociation de la convention collective, RÉMI DUQUETTE — Application de la convention collective et administration du personnel, L.-A. LYONS — Aspect ouvrier de l'application de la convention collective, RENÉ GOSSELIN — Le salariat est-il nécessaire? ESDRAS MINVILLE.

Structures des salaires (5e congrès 1950)
Les éléments de contrôle de la rémunération du travail au sein de l'entreprise, WALTER DELANEY — Techniques et rémunération du travail: salaire au temps ou à la pièce, L.-G. DAIGNEAULT — Techniques de rémunération du travail: salaire avec primes au rendement, RENÉ BRETON — Critères sociaux et moraux de la détermination du salaire, GÉRARD PICARD — Études des variations des salaires entre unités d'une même industrie, MARCEL E. FRANCO — Étude des variations des salaires entre industries différentes, sur le plan local, régional et national,

EUGÈNE FORSEY — Le processus de fixation des salaires, MAURICE LAMONTAGNE — Notre critique du communisme est-elle bien fondée ? CHARLES DE KONINCK — Le communisme et les chrétiens, GEORGES-H. LEVESQUE, o.p.

Sécurité de la famille ouvrière (6ᵉ congrès 1951)

Position du problème et principes de solution, MAURICE TREMBLAY — Le plein emploi, élément fondamental de la sécurité de la famille ouvrière, RENÉ TREMBLAY — La retraite des travailleurs, Me JEAN LESAGE — Le risque de maladie au point de vue social, Me RENÉ PARÉ — La sécurité de la famille ouvrière par la présentation sociale de la maladie, Dr JEAN GRÉGOIRE — Les accidents du travail et les maladies professionnelles, CLÉMENT BROWN — La sécurité familiale par la propriété, RODOLPHE LAPLANTE — Vers la stabilité de la famille ouvrière, GONZALVE POULIN, o.f.m. — Un mouvement des familles, GEORGES-HENRI LÉVESQUE, o.p.

Salaires et prix (7ᵉ congrès 1952)

L'inflation : nature, causes et espèces, ROGER DEHEM — Effets de l'inflation sur les salaires, les prix et les profits, ÉMILE GOSSELIN — Fixation des salaires d'après le coût de la vie, JEAN-PAUL FERLAND — La position des unions ouvrières, vis-à-vis l'inflation et leur programme d'action, T. TAGGART SMYTH — Salaires variant avec la productivité, GÉRARD DION — Arbitrage volontaire des prix et des salaires, GÉRARD PICARD — Contrôle étatique des prix et des salaires, RENÉ TREMBLAY.

Problèmes humains du travail (8ᵉ congrès 1953)

La structure sociale de l'entreprise, ÉMILE GOSSELIN — L'autorité dans l'entreprise, ROGER CHARTIER — Le syndicat dans l'entreprise, MARC LAPOINTE — La direction du personnel et ses responsabilités, T.P. DALTON — Rationalisation du travail et facteur humain, CAMILLE BARBEAU — L'aspect physiologique du travail, BERTRAND BELLEMARE — Adaptation du travailleur dans l'entreprise, LOUIS-PHILIPPE BRIZARD — Les relations humaines dans l'industrie, NOËL MAILLOUX, o.p.

Le règlement des conflits de droits (9ᵉ congrès 1954)

Nature et source des conflits de droit individuels ou collectifs, Me MARIE-LOUIS BEAULIEU — La juridiction des commissions administratives, Me JACQUES PERREAULT — Les juridictions civiles, pénales et criminelles sur certains conflits de droits, Me THÉODORE LESPERANCE — Les conflits de droit qui naissent de l'interprétation ou de l'application des conventions collectives : Procédure interne ou contractuelle, Me JEAN-H. GAGNÉ — Les rôles futurs de l'arbitrage statutaire et de l'arbitrage conventionnel, Me LOUIS-PHILIPPE PIGEON — Les tribunaux du travail, Me ÉMILE COLAS — Tendances du droit anglo-américain dans le règlement des conflits de droits, H.D. WOODS — Le règlement des conflits de travail, YVES URBAIN.

Problèmes d'autorité au sein de l'entreprise (10ᵉ congrès 1955)

Évolution dans les structures d'autorité, JACQUES ST-LAURENT — Évolution du champ de négociation de la convention collective, GASTON CHOQUETTE — Évolution de la fonction *personnel* et du service de relations industrielles, J.-J.

GAGNON — Rôle et responsabilité du contremaître dans l'entreprise, R.R. GRON-DIN — Rôle et responsabilité du délégué d'atelier dans le syndicat, RENÉ GOSSELIN — Contacts et conflits entre contremaître et délégué d'atelier, F.D. BARRETT — Crise d'autorité, Mgr ALPHONSE-MARIE PARENT, P.D., V.G.

La stabilité de l'emploi (11ᵉ congrès 1956)
Prospérité économique et paradoxe de l'emploi, CHARLES LEMELIN — Le chômage structurel et frictionnel, JEAN-MARIE MARTIN, JACQUES ST-LAURENT — Implications sociologiques de l'instabilité de l'emploi, FERNAND DUMONT — L'expérience canadienne: l'État, PIERRE HARVEY — L'expérience canadienne: le secteur privé de l'entreprise, EUGÈNE FORSEY, R.-B. MACPHERSON, W.-M. BERRY — Aspect normatif de la stabilité de l'emploi, MAURICE TREMBLAY.

Changements économiques et transformations syndicales (12ᵉ congrès 1957)
Interdépendance entre l'économie, le social et les structures syndicales, ÉMILE GOSSELIN — Structures économiques et transformations syndicales, HARRY C. EASTMAN — Transformations sociales et transformations syndicales, GUY ROCHER — Tendances vers l'uniformité des règles juridiques, Me L.-P. PIGEON — Le régionaliste syndical est-il désuet? ÉMILE GOSSELIN, ROGER PROVOST, RENÉ BÉLANGER, PHILIPPE VAILLANCOURT, RAYMOND PARENT, GÉRARD DION — Syndicalisme et culture, GÉRARD DION.

Le règlement des conflits d'intérêts en relation du travail dans la province de Québec (13ᵉ congrès 1958)
Exposé des régimes contemporains dans la province de Québec, JEAN-RÉAL CARDIN — Exposé des régimes contemporains dans d'autres États, GILLES BEAUSOLEIL — Équivoques du régime québécois, ROGER CHARTIER — Corrections à apporter au régime québécois, GUILLAUME GEOFFRION et GÉRARD PICARD — Le règlement des conflits collectifs de travail dans les services publics et dans les entreprises d'intérêt général, RENÉ H. MANKIEWICZ — Corrections à apporter au régime québécois, GUY MERRILL-DESAUNIERS — Les remèdes proposés - Proposed remedies, H.D. WOODS — L'intervention de l'État dans le règlement des conflits d'intérêts, ADOLF STURMTHAL.

Bénéfices sociaux et initiatives privées (14ᵉ congrès 1959)
Perspectives liminaires, GÉRARD DION — La notion de bénéfices marginaux, JACQUES ST-LAURENT — Bénéfices sociaux et entreprise, JEAN-MARIE MARTIN — Attitudes patronales, T.-H. ROBINSON — Conséquences pour le travailleur, ROLAND PARENTEAU — Attitudes syndicales, EUGÈNE FORSEY — Conséquences économiques et sociales, MONTEATH DOUGLAS — La propriété dans la société nord-américaine, EDWARD DUFF.

Droits de gérance et changements technologiques (15ᵉ congrès 1960)
Présentation, ÉMILE GOSSELIN — Nature et importance des changements technologiques, JEAN-PAUL DESCHENES — Propriété, responsabilité et droits de gérance, GÉRARD DION — Efficacité, science, participation à la gestion et droits de gérance, ROGER CHARTIER — Changements technologiques et négociations col-

lectives, JEAN-RÉAL CARDIN — Arbitrabilité des griefs et changements technologiques, JEAN-JACQUES GAGNON — Négociabilité et arbitrabilité des changements
technologiques, MARIUS BERGERON — Négociation et arbitrage dans le domaine
des changements technologiques, MARCEL PEPIN, W. GORDON DONNELLY, YVAN
LEGAULT, JEAN SIROIS — Le syndicalisme ouvrier face aux changements technologiques, LEWIS A. COSER.

Les tribunaux du travail (16e congrès 1961)

Un peu d'histoire, GÉRARD DION — Nature et raisons d'être des tribunaux du
travail, ÉMILE GOSSELIN — Expériences étrangères, RENÉ H. MANKIEWICZ — Juridiction des tribunaux du travail, GÉRARD PICARD — Composition et règles de
procédure des tribunaux du travail, ANDRÉ DESGAGNÉ — La place des tribunaux
dans l'ensemble de l'organisation judiciaire, MARC LAPOINTE — Le particula-
risme et l'esprit propre du droit du travail, JEAN-RÉAL CARDIN — Discussion-
synthèse, JEAN GIROUARD, BENOÎT YACCARINI, JEAN-PAUL GEOFFROY, Me MARIE-
LOUIS BEAULIEU, JEAN-MARIE BUREAU, YVAN LEGAULT — Annexes: projet de loi des
tribunaux du travail, Me MARIE-LOUIS BEAULIEU.

La fonction de conseil dans le processus de décision et de contrôle (17e congrès 1962)

Position du problème, ÉMILE GOSSELIN — Structure classique de l'organisation,
JEAN-PAUL DESCHENES — La fonction de conseil dans le secteur de l'entreprise
privée, GASTON FOURNIER — La fonction de conseil dans le secteur du syndicalisme, MARCEL PEPIN — La fonction de conseil dans le secteur du syndicalisme,
EUGÈNE FORSEY — La fonction de conseil dans le secteur de l'État, PAUL PELLE-
TIER — Conséquences du rôle du spécialiste sur les décisions et sur le contrôle,
W.A. HUNTER — Un nouveau concept intégrant les notions de fonction hiérar-
chiques (line) et de fonction de conseil (staff), ROGER CHARTIER — La fonction
de conseil dans la société moderne, ROGER GRÉGOIRE.

Socialisation et Relations industrielles (18e congrès 1963)

La socialisation: caractère et signification, GÉRARD DION — L'entreprise privée
face à la socialisation, RAYMOND GÉRIN — Le syndicalisme en contexte socia-
lisé: fonction et responsabilité nouvelles, LOUIS-MARIE TREMBLAY — Le rôle de
l'État en relations du travail: essai de réévaluation, JEAN-RÉAL CARDIN — L'É-
tat-employeur et la fonction publique, S.J. FRANKEL — Discussion (ALBERT GIN-
GRAS, YVON CHARTRAND, MICHEL HARRISSON) — La négociation collective dans les
secteurs privés subventionnés par l'État, Point de vue patronal, PAUL DESRO-
CHERS — Point de vue syndical, JACQUES ARCHAMBAULT — Discussion (GILLES
GAUDREAULT, LÉOPOLD GARANT, J.-R. GAUTHIER) — Planification, entreprise privée et syndicalisme libre, PAUL NORMANDEAU.

Politiques de salaires: exigences nouvelles (19e congrès 1964)

Conditions et implications d'une politique de salaires, JACQUES ST-LAURENT —
Politiques de salaires: expériences étrangères, GILLES BEAUSOLEIL — Évaluation
de la réglementation gouvernementale des salaires au Québec: le salaire minimum, GÉRARD MARION — Évaluation de la réglementation gouvernementale des

salaires au Québec : les décrets, Gérard Hébert — Les programmes gouvernementaux, l'emploi et les salaires, Pierre Harvey — Les politiques de salaires
dans les secteurs étatisés, socialisés et privés - représentants patronaux, André Déom, Roger Chartier — représentants syndicaux, Robert Sauvé, André
Thibaudeau — Après vingt ans, Gérard Dion.

Le code du travail du Québec (20ᵉ congrès 1965)
La genèse du présent Code du travail, Gérard Hébert — Le droit d'association,
son extension, ses limites, J.R. Cardin — La Commission des relations de
travail, André Roy — La Commission des relations de travail et l'accréditation
syndicale, Gérard Vaillancourt — Le nouveau Code du travail et la convention
collective, Fernand Morin — La procédure de négociation et le recours à la
grève ou au lockout, Marius Bergeron — Le règlement pacifique des conflits,
Robert Auclair — Points de vue sur le Nouveau Code du travail - Services
privés, Roger Thibaudeau, Louis Laberge, Denis Germain, Jean-Pierre Després
— Services publics, André Déom, Laval Grondine, Raymond Parent, Louis-
Claude Trudel — Le nouveau rôle du ministère du Travail, Hon. Carrier Fortin
— Code du travail — Bill 55 — Loi de la fonction publique.

Une politique globale de la main-d'œuvre ? (21ᵉ congrès 1966)
Les objectifs d'une politique de main-d'œuvre, André Raynauld — Nature et
contenu d'une politique globale de main-d'œuvre, Roland Parenteau — Discussion (Jean-Gérin Lajoie, François Cleyn) — MIse en œuvre d'une politique
globale de main-d'œuvre, Laurent Bélanger — Discussion (Marcel Pepin, Jean
Brunelle) — Politique de main-d'œuvre et négociation collective, Pierre-Paul
Proulx — Politique fédérale et politique provinciale de main-d'œuvre, Pierre F.
Côté, Yves Dubé, Marcel Guay — Croissance économique et politique de main-
d'œuvre, Louis Couillard.

Le travail féminin (22ᵉ congrès 1967)
Évolution de la participation des femmes au monde du travail, Jean-Pierre Després — La réglementation du travail féminin, Réjeanne Colas — Aspects sociologiques du travail féminin, Gérald Fortin — Aspects économiques de la participation des femmes au marché du travail, Jacques St-Laurent — Le travail
féminin - témoignages, Kathleen Francœur, Yolande Boissinot, Louise Mar-
cil, Dorothy Pertuiset, Charles Lebrun, Jacques Villeneuve, Claude Duhamel,
Jean Sirois — Participation des femmes aux mouvements syndicaux, Yvette
Charpentier, Lucie Dagenais — La femme dans le monde du travail d'aujour-
d'hui, Pierrette Sartin.

Le syndicalisme canadien : une réévaluation (23ᵉ congrès 1968)
Introduction, Gérard Dion — Les objectifs syndicaux traditionnels et la société
nouvelle, Jean-Réal Cardin — Les structures syndicales et objectifs syndicaux,
Stuart Jamieson — La démocratie syndicale, Gérard Dion — Les rivalités syndicales : force ou faiblesse, Évelyne Dumas — Le syndicalisme et les travailleurs
non syndiqués, Léo Roback — L'extension de la formule syndicale à des secteurs non traditionnels, Shirley B. Goldenberg — Le syndicalisme et la partici-

La politisation des relations du travail (28e congrès 1973)

Introduction, GILLES LAFLAMME — Les formes historiques de politisation du syndicalisme au Québec, LÉO ROBACK — L'évolution socio-économique et le déplacement des centres de pouvoir, BERNARD SOLASSE — L'impact des secteurs public et para-public sur la politisation des relations du travail, JEAN BOIVIN — La philosophie du Code du travail, JEAN-RÉAL CARDIN — Les limites du négociable et le débordement des conflits, ANDRÉ THIBAUDEAU — Positions des partis politiques devant la politisation des relations du travail, ROBERT BURNS, ANDRÉ DÉOM, MICHEL BELLAVANCE — Conséquences de la politisation des relations du travail, GÉRARD DION — Annexe: Négociation collective dans un monde en évolution.

L'aménagement des temps de travail
L'horaire variable et la semaine comprimée (29e congrès 1974)

Introduction, JEAN BOIVIN et JEAN SEXTON — Les formes d'aménagement des temps de travail, LAURENT BÉLANGER — L'horaire variable: anarchie ou désordre organisé, MARIE-CLAIRE BOUCHER — L'horaire variable: quelques conséquences, JEAN-PIERRE HOGUE — L'horaire variable: quelques expériences vécues, GÉRARD LEDUC, JEAN-CLAUDE BEAULIEU — La semaine comprimée de travail: progrès ou anachronisme, BERNARD TESSIER — Les horaires comprimés et l'adaptation du travail à l'homme, FLORIAN OUELLET — La semaine comprimée: quelques expériences vécues, PAUL DEAMEN, JEAN MERRILL — Réactions gouvernementales et syndicales, JEAN BEAUDRY, JEAN-LOUIS HARGUINDEGUY, RÉAL MIREAULT, L.P. LEVAC — Prendre le temps de vivre, JACQUES DE CHALENDAR — Bibliographie — Annexes: A) Terminologie et technique de l'horaire variable. B) L'enregistrement du temps par la méthode du totalisateur. C) Mémoire du Congrès du travail du Canada à la Commission d'enquête sur la modification ou la compression de la semaine de travail, 26 septembre 1972, Ottawa.

Inflation, indexation et conflits sociaux (30e congrès 1975)

Introduction, BERTRAND BELZILE, JEAN BOIVIN, GILLES LAFLAMME, JEAN SEXTON — L'inflation: bienfait pour certains - malaise pour d'autres, CLAUDE MASSON — L'impact de l'inflation sur la négociation collective, GÉRARD HÉBERT — Inflation et conflits sociaux, BERNARD SOLASSE (commentaires: GHISLAIN DUFOUR, VINCENT DAGENAIS) — Indexation: remède à la mode, LOUIS ASCAH et SYDNEY INGERMAN — Les solutions oubliées, JACQUES PARIZEAU — L'inflation et le pouvoir réel des travailleurs, JACQUES DOFNY — Les partenaires sociaux face à l'inflation, l'Hon. GUY SAINT-PIERRE, NORBERT RODRIGUE, CHARLES PERREAULT, FRANÇOIS DAGENAIS.

Les relations du travail au Québec:
la dynamique du système (31e congrès 1976)

Introduction, JEAN BERNIER, RODRIGUE BLOUIN, GILLES LAFLAMME, ALAIN LAROCQUE — Où s'en va notre système de relations du travail?, JEAN BERNIER — L'injonction en relations du travail: recours inapproprié ou abusif?, HENRI GRONDIN (commentaires: JEAN BEAUVAIS, PHILIP CUTLER) — Médiations politiques, commissions parlementaires et lois spéciales: nouveaux modes de gestion des conflits?, FERNAND MORIN — Interventions accrues du judiciaire et du politique: